U0743705

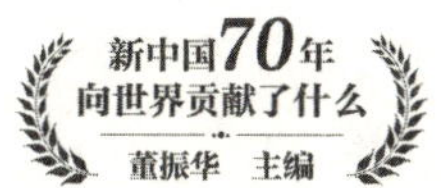

中国道路

田 辉◎编著

天津出版传媒集团

天津人民出版社

图书在版编目（CIP）数据

中国道路 / 田辉编著. -- 天津 : 天津人民出版社, 2019.11

（新中国70年向世界贡献了什么 / 董振华主编）

ISBN 978-7-201-15524-1

Ⅰ. ①中… Ⅱ. ①田… Ⅲ. ①中国特色社会主义－社会主义建设模式－研究 Ⅳ. ①D616

中国版本图书馆CIP数据核字(2019)第238165号

中国道路

ZHONGGUO DAOLU

出　　版　天津人民出版社
出 版 人　刘　庆
地　　址　天津市和平区西康路35号康岳大厦
邮政编码　300051
网购电话　（022）23332469
网　　址　http：//www.tjrmcbs.com
电子信箱　reader@tjrmcbs.com

责任编辑　郑　玥
特约编辑　王　倩
封面设计　仙　境

印　　刷　北京文昌阁彩色印刷有限责任公司
经　　销　新华书店
开　　本　710毫米×1000毫米　1/16
印　　张　18
字　　数　211千字
版次印次　2019年11月第1版　2019年11月第1次印刷
定　　价　56.00元

总　序

新中国70年向世界贡献了什么

今年正值新中国成立70周年，70年来我们艰苦奋斗、砥砺奋进，取得了举世瞩目的成就。很难想象，我们是如何从一个积贫积弱、一穷二白的落后国家跨越到今日的世界第二大经济体，成为拥有全工业门类、科技事业逐步领先全球、即将完全摆脱绝对贫苦的国家。1949年新中国成立时，全国钢产量仅15.8万吨，煤产量仅3243万吨，粮食产量为11318万吨，棉花产量为44.4万吨，人均国民收入更是只有27美元。[1]全国各地生产萎缩、交通梗阻、失业人数众多，可以说是千疮百孔，百废待兴。在这样的情况下，中国共产党团结带领人民，完成了新民主主义革命和社会主义改造，建立了社会主义基本制度，进行了对社会主义建设的艰辛探索，实现了中华民族从东亚病夫到站起来的伟大飞跃。改革开放以来，中国共产党团结带领人民开辟了中国特色社会主义

〔1〕胡绳主编，中共中央党史研究室著：《中国共产党的七十年》，中共党史出版社1991年版，第289页。

道路，坚持以经济建设为中心，大踏步赶上了时代，实现了中华民族从站起来到富起来的伟大飞跃。进入新时代，中国共产党团结带领人民进行伟大斗争、建设伟大工程、推进伟大事业、实现伟大梦想，推动党和国家事业取得全方位、开创性历史成就，发生深层次、根本性历史变革，使中华民族迎来了从富起来到强起来的伟大飞跃！“穷则独善其身，达则兼济天下。”党的十九大报告指出：“中国特色社会主义进入新时代，意味着中国特色社会主义道路、理论、制度、文化不断发展，拓展了发展中国家走向现代化的途径，给世界上那些既希望加快发展又希望保持自身独立性的国家和民族提供了全新选择，为解决人类问题贡献了中国智慧和中国方案。”

一、为世界贡献了中国道路

改革开放以来，我们取得一切成绩和进步的根本原因，归结起来就是：开辟了中国特色社会主义道路，形成了中国特色社会主义理论体系，确立了中国特色社会主义制度，发展了中国特色社会主义文化。正所谓“道路决定方向，道路决定命运”，中国道路的开辟对于在中国这样一个经济文化都落后的国家，如何在短时间内实现从站起来、富起来到强起来的伟大飞跃，具有关键性的作用。这条中国道路就是中国特色社会主义道路，习近平总书记在党的十九大报告中强调：“中国特色社会主义道路是实现社会主义现代化、创造人民美好生活的必由之路。”如今，中国道路已经具备了更多的世界意义。

1. 中国道路回应了世界发展单一模式论

在中国崛起之前，国际社会普遍认为实现现代化只有一条道路可走，就是西方式的经济政治发展道路，认为世界发展模式只能定于一尊，没有其他道路可走。但是，中国道路的成功有力回击了这种错误观点。

中国道路最显著的特征就是中国共产党的领导，一方面，党的领导是中国道路形成的根本保证；另一方面，正是因为有党的领导，中国道路在形成发展过程中才能取得一系列成就。中国道路是社会主义道路，始终坚持以马克思主义为指导。马克思主义是已经被实践证明了的关于人类社会发展的科学理论，正是在马克思主义理论的指导下，中国道路才不至于走弯走斜；中国道路坚持以经济建设为中心，坚持四项基本原则和坚持改革开放。改革开放使中国焕发了生机活力，事实证明：封闭没有出路，只有不断解放和发展生产力，不断提高人民生活水平，坚持改革与发展，才能摆脱贫困与落后。

2. 中国道路鼓舞了发展中国家积极寻找适合自身的发展道路

中国道路是中国人民在长期实践中自行探索出来的，既没有成例可以遵循，也不能照抄照搬别国的道路。习近平总书记强调："当代中国的伟大社会变革，不是简单延续我国历史文化的母版，不是简单套用马克思主义经典作家设想的模板，不是其他国家社会主义实践的再版，也不是国外现代化发展的翻版。"[1] 中国道路的成功实践充分说明了发展中国家可以找到适合自身发展的道路，而不必照抄照搬别国的道路。

每个国家都有着不同的历史文化，有着不同的资源禀赋，有着不同的现实国情，所以在世界上很难找到一种放之四海而皆准的发展道路，中国也不例外。世界上的各个发展中国家要想实现自身的独立发展，就

〔1〕习近平：《在纪念马克思诞辰200周年大会上的讲话》，《人民日报》2018年5月5日。

要努力寻找适合自身的发展道路。

3. 中国道路绝不会损害其他国家和地区的正当利益

西方一些人长期鼓吹“中国威胁论”，大谈“修昔底德陷阱”，认为中国的崛起就是要夺取世界霸权，挑战世界秩序。但是中国绝不会走国强必霸的道路，中国也绝不会损害世界上其他国家和地区的正当利益。

反思历史我们会发现，一些强国在自身崛起过程中曾靠榨取他国利益来实现自身发展，甚至现在依旧在干涉他国权益以满足自身利益。中国曾经是殖民时代的受害者，对于恃强凌弱有着痛苦的记忆，中国绝不会把自己经历的苦难转移给别人，绝不会损害其他国家正当利益，将来更不会危害他国，中国将始终做正当利益的维护者。

二、为世界贡献了中国智慧

中西方历史上都存在着追求智慧的传统。在西方，古希腊时期开启的“爱智”精神贯穿了整个西方思想史；在中国，追求智慧体现为“求道”，比如，中国典籍中所说的“一阴一阳之谓道”“道生一，一生二，二生三，三生万物”等。现在，新中国70年奋斗历程向世界提供的中国智慧，则是中华民族5000多年文明史的精华与近代以来救亡图存智慧的结合，是我们继续为实现中华民族伟大复兴而奋斗的中国智慧的结晶，这些中国智慧必能为世界发展和人类进步提供有益的帮助。正如习近平总书记在党的十九大报告中所说：“中国将继续发挥负责任大国作用，积极参与全球治理体系改革和建设，不断贡献中国智慧和力量。”

1.“协和万邦”的中国智慧为世界提供了价值追求

《尚书·尧典》记载：“克明俊德，以亲九族。九族既睦，平章百姓。百姓昭明，协和万邦。”这里体现的就是中国人的天下情怀，即由小及大、由内及外的步骤和目标。这个目标一方面体现为以和为贵，中国自古就崇尚和平、反对战争，主张各个国家、各个民族和睦共处，在尊重文明多样性的基础上推动文明交流互鉴；另一方面则体现为合作共赢，中国从不主张非此即彼的零和博弈思维，始终倡导兼容并蓄的理念，并切身践行这一理念，中国欢迎各国人民搭乘中国发展的“快车”，共享中国发展的成果；同时，中国也希望世界各国能够携起手来共同应对全球挑战，通过汇聚大家的力量更好解决问题。

“协和万邦”就是中国为世界贡献的中国智慧之一，是中国为世界提供的价值追求。通过共同努力，就一定能够实现全球治理体系和国际秩序的变革，创造人类更加美好的未来。

2.“生生不息”的中国智慧为世界提供了发展动力

中华民族是勤劳的民族，历史上我们总是在生生不息地奋斗，靠奋斗创造自己的未来。中国人不相信宿命，中国人认为“我命由我不由天”，这种底气就来自生生不息的奋斗精神，这种精神鼓舞人们不断在攻坚克难、爬坡过坎中战胜一切艰难险阻，直至到达胜利的彼岸。

对于世界人民来说，也要保持生生不息的奋斗精神。人类能够发展至今很不容易，而往后前进的每一步都要比现在付出更多努力。当今的世界体系仍然很不完善，人类面临着霸权主义、恐怖主义、战争频发的威胁，我们要以不屈的精神顽强拼搏，不断提高人类科技实力和文明程度，实现民族独立、和平稳定发展。

生生不息的奋斗精神还体现出我们对生命的尊重。当今世界的繁荣正是由一个个鲜活的生命所创造的，我们要想继续保持这种繁荣，就要充分尊重人的主体性，激发个体的创造力，平等对待世界上的每一个人，拒绝歧视、拒绝压迫、拒绝倾轧。与此同时，我们还需要为我们的子孙后代留下继续发展的条件，让地球在一代又一代人的传承中美丽繁荣。

3.“天人合一”的中国智慧为世界提供了前进思路

中国传统文化中的“天人合一”观念回答的是主体与外部世界的关系问题，《老子》有言：“人法地，地法天，天法道，道法自然。”在中国人看来，自身与外部世界本来就是同一的，因为二者都遵循着相同的法则，即“道”，人只要合乎“道”，就会没有过错，就可以与外部世界处于一种和谐的关系之中。

西方思想中长期存在着主客二元对立的传统，在他们看来，主体与客体之间存在不可逾越的“鸿沟”，二者存在矛盾。正是由于这种对立矛盾的存在，使得我们往往无法让现实变得“随心所欲”。

当今世界我们面临的许多问题，本质上都是没有处理好自身与外部世界关系的问题，如果全世界能够广泛认可中华民族的“天人合一”观念，充分认识到自身与外物可以处在一种和谐的关系之中，我们现在所面临的许多难题就可以迎刃而解了。

三、为世界贡献了中国力量

习近平总书记指出：“现在，中国人民和中华民族在历史进程中积累的强大能量已经充分爆发出来了，为实现中华民族伟大复兴提供了势不可挡的磅礴力量。”[1]中国70年来能够成功发展的原因之一，就在于我们能够凝聚起全民族的磅礴力量，为实现我们的共同目标而执着奋斗。中国力量不仅能够用于自身建设，而且能够为世界繁荣发展做出贡献。中国是世界上人口数量第一、国土面积第三的国家，是世界第二大经济体，是世界版图上举足轻重的力量，中国有能力参与全球事务，中国也有责任推动世界发展和人类事业进步。

1. 中国力量是维护世界和平、促进共同发展的力量

党的十九大报告指出：“中国将高举和平、发展、合作、共赢的旗帜，恪守维护世界和平、促进共同发展的外交政策宗旨。”中华民族向来是爱好和平的民族，近代以来，中国人民经历了严重的战争创伤，这使得我们更加珍惜今天的和平局面，因此自新中国成立以来就始终坚持走和平发展的道路，中国的发展从来不以牺牲和平安定的环境为代价。但我们必须承认的是，当今世界仍然面临着诸多危害和平的因素，霸权主义和强权政治阴魂不散，恐怖主义蔓延，极端宗教势力滋长，不确定性因素在增加，局部武装冲突时有发生。为此，世界和平需要一个强有力的保障力量，而这个力量正来自中国。

与此同时，世界还面临贫困、饥饿、发展不平衡等问题，而发展则是解决一切问题的根本动力。人类事业需要进步，当今世界需要发展，中国正在成为推动世界发展的中坚力量。作为世界第二大经济体，中国每年保持6%左右的经济增长率，为世界经济增长贡献了近1/5，中国积极同广大发展中国家开展经贸往来，不断提高开放程度，在实现自身发

〔1〕习近平：《在庆祝改革开放40周年大会上的讲话》，《人民日报》2018年12月19日。

展的同时有力带动了其他国家和地区的发展。

2. 中国力量是推动构建人类命运共同体的力量

当今世界正处于百年未有之大变局，一方面，世界多极化、经济全球化深入发展，新一轮科技革命和产业革命正在孕育成长；另一方面，人类也正处在一个挑战层出不穷、风险日益增多的时代。面对这一世界大势，中国提出的方案是构建人类命运共同体。马克思和恩格斯早就预言，“各民族的原始封闭状态由于日益完善的生产方式、交往以及因交往而自然形成的不同民族之间的分工消灭得越是彻底，历史也就越是成为世界历史”[1]。现实的发展也证明了这个预言，当今世界正在变成一个日益密切的整体，谁也不可能“绝世而独立”，我们必须顺应这种时代潮流，积极融入世界、参与世界。中国倡导构建人类命运共同体，建设持久和平、普遍安全、共同繁荣、开放包容、清洁美丽的世界，主张相互尊重、平等协商，用对话而不对抗的方式解决国际争端，倡导同舟共济，推动经济全球化朝着更加开放、包容、普惠、平衡、共赢的方向发展。现如今在中国的积极推动下，人类命运共同体已经取得了广泛的认可，多次被写入联合国文件，正在从理念转化为现实，产生广泛而深远的国际影响，引领着人类文明进步的方向。

3. 人民是中国力量的不竭之源

中国力量之所以能够源源不断，并且越积越多、越聚越强，就在于中国力量有着稳定的来源，这些来源正是我们创造中国奇迹的成功密

〔1〕马克思、恩格斯：《德意志意识形态》，《马克思恩格斯选集》第一卷，人民出版社2012年版，第168页。

码。中国力量来自科学理论，70 年来我们在科学理论的指导下披荆斩棘，排除万难，解决了许多前人从未遇到过或从未有效解决的问题；中国力量来自理想信念，正是在理想信念的激励下凝聚起团结奋进的力量；中国力量来自先进文化，吸收着 5000 多年优秀传统文化的精华；中国力量来自制度优势，中国特色社会主义制度是适合我国国情、具有显著优势的制度；中国力量来自综合国力，我们坚持把发展作为执政兴国的第一要务，不断增强自身实力；中国力量来自坚强领导核心，中国共产党是牢记初心和使命、敢于自我革命的政党；中国力量来自共商共建共享的全球治理观，积极树立负责任大国形象。

归根结底，中国力量来自人民。马克思主义唯物史观揭示出人民群众是历史的主体，是历史的创造者，在推动人类社会历史发展中起着决定性作用。回顾新中国的成长历程我们就会发现，我们党之所以能够领导人民取得社会主义革命、社会主义建设和改革开放的伟大胜利，根本原因就在于我们党始终深深扎根于人民群众之中，人民群众为我们党提供了不竭的力量。过去我们创造中国奇迹靠的是中国人民，未来我们走向世界仍然要依靠中国人民。

今日之中国已不同于往日之中国，当前我们积极参与全球治理，始终不渝走和平发展道路，奉行互利共赢的开放战略，推动构建人类命运共同体，始终做世界和平的建设者、全球发展的贡献者、国际秩序的维护者。正是在中国不断对外开放和交往中，将中国由落后国家变为现代化国家的成功经验推向了世界，给世界上诸多需要进行现代化建设的国家和地区提供了启示和借鉴。70 年的风雨历程，中国人民探索出了宝贵的中国经验，这主要表现为中国道路、中国智慧和中国力量三个方面。

我们相信，随着中国自身的进一步发展，中国必将更多地参与到全球事务中来，更多地为世界提供中国经验！

中共中央党校（国家行政学院）哲学部副主任、教授、博士生导师 董振华

2019年9月

目　录

第一章　思想指南：与时俱进的马克思主义

第二章　理论逻辑：“三大规律”

第三章　历史必然：“四个走出来”

第四章　最大优势：中国共产党领导

第五章　必由之路：改革开放永不停顿

第六章　本质要求：解放和发展社会生产力

第一章

思想指南：与时俱进的马克思主义

马克思主义是不断发展的开放的理论，始终站在时代前沿。马克思一再告诫人们，马克思主义理论不是教条，而是行动指南，必须随着实践的变化而发展。

——习近平在纪念马克思诞辰200周年大会上的讲话（2018年5月4日）

道路问题异常重要。道路关乎党的命脉，关乎国家前途、民族命运、人民幸福。从1978年党的十一届三中全会到现在，中国改革开放已经走过了40多年，这40多年从人类历史长河来看无非是“弹指一挥间”的事情，但正是这40多年，中国发生了翻天覆地的变化，走完了西方发达国家几百年的发展历程，创造了令世人瞩目的中国奇迹，走出了一条不同于西方现有模式的发展道路。这条发展道路，我们称为“中国特色社会主义道路”，简称“中国道路”。这条道路的具体内涵是什么？党的十八大在十七大的基础上做出了新的概括，即在中国共产党领导下，立足基本国情，以经济建设为中心，坚持四项基本原则，坚持改革开放，解放和发展社会生产力，建设社会主义市场经济、社会主义民主政治、社会主义先进文化、社会主义和谐社会、社会主义生态文明，促进人的全面发展，逐步实现全体人民共同富裕，建设富强民主文明和谐的社会主义现代化国家。很显然，这是从一个非常宏观的视角对中国道路的界定。对中国道路的认识仅仅停留在这里是远远不够的，要想全方位地了解这条道路，我们必须深入这条道路的中观和历史层面，即一方面深入这条道路所包含的各个具体领域，另一方面又将这条道路放在社会发展的历史进程中去把握。

从思想指南上看，中国道路的指导思想是与时俱进的马克思主义。马克思主义是我们立党立国的根本指导思想，是全国各族人民团结奋斗的理论基础。在任何情况下，这个指导思想都不能有一丝一毫的动摇，这是毫无疑问的。然而，我们这里所说的马克思主义却不是一成不变的、被当成教条的马克思主义，而是与时俱进的马克思主义，是根据新的实践、新的情况补充、丰富和发展的马克思主义。中国道路就是在与时俱进的马克思主义指导下不断推进和深化的。正如习近平总书记所说："坚持和发展中国特色社会主义是一篇大文章，邓小平同志为它确定了基本思路和基本原则，以江泽民同志为核心的党的第三代中央领导集体、以胡锦涛同志为总书记的党中央在这篇大文章上都写下了精彩的篇章。现在，我们这一代共产党人的任务，就是继续把这篇大文章写下去。"[1]

具体来说，以邓小平同志为主要代表的中国共产党人集体创立了邓小平理论，在这一理论的指导下我们实现了中国道路的奋勇开辟；以江泽民同志为主要代表的中国共产党人和以胡锦涛同志为主要代表的中国共产党人分别创立了"三个代表"重要思想和科学发展观，在这两个理论的指导下我们不仅在国际国内严峻考验面前捍卫了中国道路，而且还在新的历史起点上、新的历史阶段上发展和完善了中国道路；党的十八大以来，以习近平同志为核心的党中央创立了习近平新时代中国特色社会主义思想，在这一理论的指导下，我们不仅继往开来将这条道路推进到一个新时代，而且在世界范围内使这条道路熠熠生辉，焕发出耀眼的光芒。

〔1〕中共中央宣传部：《习近平总书记系列重要讲话读本》，学习出版社、人民出版社 2016 年版，第 38 页。

一、邓小平理论：中国道路的奋勇开辟

中国道路的奋勇开辟是与“邓小平”这个名字联系在一起的。对此，习近平总书记 2014 年在纪念邓小平同志诞辰 110 周年座谈会上的讲话中指出：“邓小平同志紧紧抓住‘什么是社会主义、怎样建设社会主义’这个基本问题，响亮提出‘走自己的道路，建设有中国特色的社会主义’的伟大号召，领导我们党在新中国成立以来革命和建设实践的基础上，成功走出了一条中国特色社会主义新道路。”[1] 邓小平理论作为以邓小平同志为主要代表的中国共产党人集体智慧的结晶，在中国道路的开辟过程中做出了开创性的贡献，起到了无可代替的奠基性作用。

（一）停止使用“以阶级斗争为纲”的错误提法，把全党工作重点转移到社会主义现代化建设上来

1978 年 12 月召开的党的十一届三中全会是以邓小平同志为主要代表的中国共产党人探索和开辟中国道路的光辉起点。会议决定把全党工作的重点和全国人民的注意力转移到社会主义现代化建设上来，标志着中国进入改革开放和社会主义现代化建设的新时期。1982 年，在党的十二大开幕词中，邓小平第一次明确提出“中国特色社会主义”的命题，“走自己的路，建设有中国特色的社会主义”。1987 年，党的十三大指出，我国从 20 世纪 50 年代生产资料私有制的社会主义改造基本完成，到社会主义现代化的基本实现，至少需要上百年时间，都属于社会主义初级阶段。在社会主义初级阶段，我们都必须集中力量进行社会主

〔1〕习近平：《在纪念邓小平同志诞辰 110 周年座谈会上的讲话》，《人民日报》2014 年 8 月 21 日。

义现代化建设。大会制定的基本路线是：领导和团结全国各族人民，以经济建设为中心，坚持四项基本原则，坚持改革开放，自力更生，艰苦创业，为把我国建设成为富强、民主、文明的社会主义现代化国家而奋斗。从 1980 年到 1990 年，我国先后制定和实施了国民经济和社会发展的第六个和第七个“五年计划”，实现了从解决温饱向建设小康社会的迈进，为社会主义现代化建设打下了坚实的基础。

（二）回答了“什么是社会主义、怎样建设社会主义”的问题，揭示了中国道路发展中的一些基本规律

没有邓小平，没有邓小平理论的正确指引，就没有中国道路的奋勇开辟。为了解决社会主义现代化建设实践中的重大问题，邓小平殚精竭虑、费尽心血，不断深化对“什么是社会主义、怎样建设社会主义”问题的认识，最终开创了马克思主义中国化的新境界，揭示了中国道路发展中的一些基本规律。

第一，提出社会主义初级阶段理论。指出中国还处在不发达阶段，主要矛盾是人民日益增长的物质文化需要同落后的社会生产之间的矛盾，党和国家工作的重点必须转移到以经济建设为中心的社会主义现代化建设上来。

第二，科学揭示社会主义的本质。长期以来，我们自觉不自觉地把公有制、计划经济、按劳分配视为社会主义的本质，因而在实践中走入盲目求纯、追求高度统一计划经济体制的误区。邓小平在领导全党重新认识什么是社会主义的过程中，对社会主义社会的固有属性问题进行了深入探索，明确指出：社会主义的本质是解放生产力，发展生产力，消

灭剥削，消除两极分化，最终达到共同富裕。在社会主义发展史上，第一次把社会主义本质、社会主义基本制度与社会主义具体体制区别开来，摆脱了长期以来拘泥于具体体制、模式而忽略社会主义本质的错误倾向。

第三，提出走中国式的现代化道路。邓小平强调，我们的现代化建设，必须从中国实际出发，要注意学习和借鉴外国经验，但照抄照搬别国经验、别国模式，从来不能得到成功，要适合中国情况，走出一条中国式的现代化道路，建设有中国特色的社会主义。

第四，强调改革是中国现代化的必由之路。进行社会主义现代化建设，必然要多方面地改变生产关系，改变上层建筑，使之适应现代化经济的需要。不改革就没有出路，要经过经济体制、政治体制和其他体制的改革，建立起充满生机和活力的具体的社会主义体制。

第五，提出社会主义也可以搞市场经济。社会主义和市场经济之间不存在根本矛盾，计划和市场都是经济手段，把社会主义和市场经济结合起来可以更好地发展生产力。在理论与实践上解决了社会主义与市场经济这个关系到社会主义现代化建设全局的问题。

第六，强调搞社会主义现代化必须实行对外开放。当今的世界是开放的世界，中国的发展离不开世界，必须坚持独立自主的和平外交政策，吸收和利用世界各国包括资本主义发达国家所创造的一切先进文明成果来发展社会主义，为我国现代化建设争取有利的国际环境。

第七，在社会主义现代化的政治保证问题上，强调坚持社会主义道路，坚持人民民主专政，坚持中国共产党的领导，坚持马克思列宁主义、毛泽东思想。这四项基本原则是立国之本，是改革开放和现代化建设健康发展的保证。

第八，提出没有民主就没有社会主义，就没有社会主义现代化。我们进行社会主义现代化建设，就是要在经济上赶上发达的资本主义国家，在政治上创造比资本主义国家的民主更高更切实的民主。

第九，制定了社会主义现代化“三步走”的战略步骤，第一步从1981年到1990年国民生产总值比1980年翻一番，实现温饱；第二步从1991年到20世纪末使国民生产总值再增长一倍，达到小康；第三步到21世纪中叶，人均国民生产总值达到中等发达国家水平。

第十，集全党智慧，逐步形成“一国两制”的构想。在党的第一代中央领导集体和平统一祖国思想的基础上，邓小平创造性地发展了马克思主义的国家学说，为实现祖国统一提出了最佳途径。邓小平指出，我们的社会主义制度是有中国特色的社会主义制度，这个特色，很重要的一个内容就是对香港、澳门、台湾问题的处理，就是“一国两制”。这一构想在实践中成功地使香港、澳门回归，维护了中国的主权和领土完整，维护了中华民族的根本利益。

第十一，在社会主义的领导力量和依靠力量问题上，强调作为工人阶级先锋队的共产党是社会主义事业的领导核心，党必须适应改革开放和现代化建设的需要，不断加强和改善对各方面工作的领导，加强和改善自身建设。

二、“三个代表”重要思想与科学发展观：中国道路的完善与发展

党的十三届四中全会后，以江泽民同志为主要代表的中国共产党人深刻反映世界和中国的发展变化对党和国家工作提出的新要求，与时俱进，开拓创新，提出了一系列新思想、新观点、新论断，进一步深化了对中国道路的认识，在新的历史条件下把中国道路成功推向了21世纪。

（一）“三个代表”重要思想与中国道路的完善发展

首先，“三个代表”重要思想进一步回答了“什么是社会主义、怎样建设社会主义”的问题，从多个方面对我国社会主义现代化建设出现的新情况、新问题做出了科学回答，这些都丰富了我们对中国道路的认识。

第一，对我国现代化战略做出新的部署，制定和实施科教兴国战略、可持续发展战略、西部大开发战略、“引进来”和“走出去”相结合的开放战略。

第二，为适应实现现代化的要求对社会主义初级阶段的经济制度做出安排，强调要坚持和完善以公有制为主体、多种所有制经济共同发展的基本经济制度，坚持和完善社会主义市场经济体制，坚持和完善按劳分配与按生产要素分配相结合的分配制度。

第三，适应人类社会从工业社会向信息社会转变，提出实现工业化仍然是我国现代化进程中艰巨的历史性任务，信息化是我国加快实现工业化和现代化的必然选择，走以信息化带动工业化、以工业化促进信息

化的新型工业化道路。

第四，提出把建设政治文明作为我国现代化建设的重要目标，发展社会主义民主政治，建设社会主义法治国家。

第五，提出社会主义现代化应该有繁荣的文化，创造有中国特色社会主义的文化是综合国力的重要标志，是中国对人类文明做出的应有贡献。

第六，提出积极推进中国特色军事变革，加快军队由机械化半机械化向信息化的转变，实现国防和军队现代化。

第七，提出必须最广泛最充分地调动一切积极因素，不断为中华民族伟大复兴增添新力量，指出在改革开放发展实践中产生的新的社会阶层，与工人阶级、广大农民和知识分子一起，都是中国特色社会主义事业的建设者。

第八，根据我国社会主义现代化建设的实际进程，提出全面建设惠及十几亿人口的更高水平的小康社会，使经济更加发展、民主更加健全、科教更加进步、文化更加繁荣、社会更加和谐、人民生活更加殷实。

其次，“三个代表”重要思想还创造性地回答了“建设什么样的党、怎样建设党”的问题。东欧剧变、苏联解体后，中国作为世界上最大的社会主义国家，成了社会主义的一面旗帜，国际敌对势力千方百计要搞垮中国。经过一段时期的深入思考，江泽民指出：“要把中国的事情办好，关键取决于我们党，取决于党的思想、组织、作风、纪律状况和战斗力、领导水平。”[1]“能不能适应新形势新任务的要求，把我们党建设得

〔1〕江泽民：《在新的历史条件下更好地做到“三个代表”》，《江泽民文选》第三卷，人民出版社 2006 年版，第 1 页。

更加组织严密、更加行动一致、更加团结有力、更加朝气蓬勃，这关系到党和人民事业的兴旺发达和国家的长治久安。”[1]这就把执政党建设问题提高到关系中国社会主义现代化的实现和中华民族伟大复兴的重要地位。

第一，党代表先进生产力的发展要求，党的一切奋斗归根结底都是要解放和发展生产力，党的一切方针政策最终都要促进生产力的发展和国家经济实力的不断增强。

第二，党代表先进文化的前进方向，党必须始终坚持以马克思主义为指导，努力继承和发扬中华民族的一切优秀文化传统，学习和吸收外国的一切优秀文化成果，创造有中国特色的社会主义文化。

第三，党代表最广大人民的根本利益，党的一切工作都是全心全意为人民服务，都是为了实现好、维护好、发展好人民的利益，任何脱离群众、违反群众意愿和危害群众利益的行为都是不允许的。

（二）科学发展观与中国道路的完善发展

以胡锦涛同志为主要代表的中国共产党人提出了科学发展观。2004年5月在江苏省考察工作时，胡锦涛指出：“解决中国发展问题，实现又快又好发展，必须牢固树立和认真落实科学发展观。”[2]科学发展观，第一要义是发展，核心是以人为本，基本要求是全面协调可持续，根本方法是统筹兼顾。科学发展观围绕着“实现什么样的发展、怎样发展”等

〔1〕江泽民：《在新的历史条件下更好地做到“三个代表”》，《江泽民文选》第三卷，人民出版社2006年版，第1页。
〔2〕胡锦涛：《把科学发展观贯穿于发展的整个过程和各个方面》，《胡锦涛文选》第二卷，人民出版社2016年版，第174页。

重大问题，提出了全面发展、可持续发展、和谐发展、创新发展、和平发展等新理念、新思想、新论断，进一步拓展了中国道路中全面发展、可持续发展、和谐发展、创新发展、和平发展的内涵，成了新世纪新阶段推进和发展中国道路的显著标志。

第一，必须坚持把发展作为第一要义，要牢牢扭住经济建设这个中心，坚持聚精会神搞建设、一心一意谋发展，不断解放和发展社会生产力，着力把握发展规律、创新发展理念、转变发展方式、破解发展难题，提高发展质量和效益，实现又好又快发展。

第二，必须坚持以人为本的核心理念，把实现好、维护好、发展好最广大人民的根本利益作为党和国家一切工作的出发点和落脚点，尊重人民主体地位，发挥人民首创精神，保障人民各项权益，走共同富裕道路，促进人的全面发展，做到发展为了人民、发展依靠人民、发展成果由人民共享。

第三，必须坚持全面发展，社会主义现代化是全面的，必须按照中国特色社会主义事业总体布局，全面推进经济建设、政治建设、文化建设、社会建设和生态文明建设。

第四，必须坚持统筹兼顾协调发展，促进现代化建设各个环节、各个方面相协调，促进生产关系与生产力、上层建筑与经济基础相协调，统筹城乡发展，统筹区域发展，统筹经济社会发展，统筹人与自然和谐发展，统筹国内发展与对外开放。

第五，必须坚持可持续发展，坚持生产发展、生活富裕、生态良好的文明发展道路，建设资源节约型、环境友好型社会，实现速度和结构质量效益相统一、经济发展与人口资源环境相协调，使人民在良好生态环境中生产生活，实现经济社会永续发展。

第六，必须坚持和谐发展，要按照民主法治、公平正义、诚信友爱、充满活力、安定有序、人与自然和谐相处的总要求和共同建设、共同享有的原则，着力解决人民最关心、最直接、最现实的利益问题，努力形成全体人民各尽其能、各得其所而又和谐相处的局面，为发展提供良好社会环境。

第七，必须坚持创新发展，走自主创新道路，大力推进技术创新、制度创新、理论创新、文化创新，建设创新型国家。

第八，必须坚持和平发展，始终不渝奉行互利共赢的开放战略，坚持在和平共处五项原则的基础上同所有国家发展友好合作，维护世界和平，构建和谐世界，为现代化建设创造良好的国际环境，实现中国的和平崛起。

三、习近平新时代中国特色社会主义思想：中国道路的继往开来

党的十八大以来，以习近平同志为核心的党中央准确判断重要战略机遇期内涵和条件的新变化，全面把握国际国内大局，励精图治、苦干实干，解决了许多长期想解决而没有解决的难题，办成了许多过去想办而没有办成的大事，推动党和国家发生全方位的、深层次的历史性变革，得到了全国人民的衷心拥护和普遍赞誉。2017 年党的十九大召开，将习近平新时代中国特色社会主义思想写进了党章，写进了宪法，实现了党和国家指导思想的与时俱进。

（一）扭转了党的领导弱化、党的建设缺失的状况，把中国道路推进到新时代

党的十八大之前的一段时期里，社会中存在着一系列违反党的要求的突出现象。例如，理想信念不坚定、对党不忠诚、纪律松弛、脱离群众，个人主义、分散主义、自由主义、好人主义、宗派主义、山头主义，形式主义、官僚主义、享乐主义和奢靡之风，任人唯亲、跑官要官、买官卖官、拉票贿选屡禁不止，等等。特别是在高级干部中极少数人政治野心膨胀、权欲熏心，搞阳奉阴违、结党营私、团团伙伙、拉帮结派、谋取权位等。全国范围内发生的一系列贪腐案件，使政治生态问题越来越成为人民关心的重点问题。

针对这些情况，以习近平同志为核心的党中央以巨大的政治勇气，采取了一系列措施来整治这些问题。例如，以零容忍的态度重拳反腐，坚定不移地“打虎”“拍蝇”“猎狐”，形成并巩固了反腐败斗争的压倒性态势；严明党的政治纪律，要求全党遵守党章、党规、党纪；不断扎牢制度的笼子，把制度建设推进到全面从严治党的过程中，形成了以准则、条例等党内法规为主干的党内法规制度体系，还健全完善了党和国家监督体系；把思想建设作为党的基础性建设，强化党员干部的理想信念；把政治建设作为党的根本性建设，要求全党服从中央，坚决维护党中央权威和集中统一领导，牢固树立“四个意识”；等等。经过全党的共同努力，中国特色社会主义进入了新时代。从世界范围内来看，新时代的中国道路正在产生重大影响，它极大拓展了发展中国家走向现代化的路径，为世界上那些既希望加快发展又希望保持自

身独立性的国家和民族提供了新的历史选择，为人类发展提供了中国方案和中国智慧。

（二）回答了“新时代坚持和发展什么样的中国特色社会主义、怎样坚持和发展中国特色社会主义”的问题

习近平新时代中国特色社会主义思想回答了“新时代坚持和发展什么样的中国特色社会主义、怎样坚持和发展中国特色社会主义”的问题。它既包括新时代坚持和发展中国道路的总目标、总任务、总体布局、战略布局和发展方向、发展方式、发展动力、战略步骤、外部条件、政治保证等问题，还包括在经济、政治、文化、社会、生态、国家安全、国防和军队、“一国两制”和祖国统一、外交、党的建设等各个方面的主要方针政策。可以说，这一重要思想既全面把握了历史与现实的关系，又把握了理论和实践的关系，还处理好了中国与世界的关系，是一个系统的、丰富的理论体系。

它的基本内容可以从两个角度来看，一个角度是理论上的“八个明确”，即明确坚持和发展中国特色社会主义的总任务是实现社会主义现代化和中华民族伟大复兴，在全面建成小康社会的基础上，分“两步走”在21世纪中叶建成富强民主文明和谐美丽的社会主义现代化强国；明确新时代我国社会主要矛盾是人民日益增长的美好生活需要和不平衡不充分的发展之间的矛盾，必须坚持以人民为中心的发展思想，不断促进人的全面发展、全体人民共同富裕；明确中国特色社会主义事业总体布局是“五位一体”、战略布局是“四个全面”，强调坚定道路自信、理论自信、制度自信、文化自信；明确全面深化改

革总目标是完善和发展中国特色社会主义制度、推进国家治理体系和治理能力现代化；明确全面推进依法治国总目标是建设中国特色社会主义法治体系、建设社会主义法治国家；明确党在新时代的强军目标是建设一支听党指挥、能打胜仗、作风优良的人民军队，把人民军队建设成为世界一流军队；明确中国特色大国外交要推动构建新型国际关系，推动构建人类命运共同体；明确中国特色社会主义最本质的特征是中国共产党领导，中国特色社会主义制度的最大优势是中国共产党领导，党是最高政治领导力量，提出新时代党的建设总要求，突出政治建设在党的建设中的重要地位。

另一个角度是战略方面，表现为“十四条基本方略”。坚持党对一切工作的领导、坚持以人民为中心、坚持全面深化改革、坚持新发展理念、坚持人民当家作主、坚持全面依法治国、坚持社会主义核心价值体系、坚持在发展中保障和改善民生、坚持人与自然和谐共生、坚持总体国家安全观、坚持党对人民军队的绝对领导、坚持“一国两制”和推进祖国统一、坚持推动构建人类命运共同体、坚持全面从严治党。同时，把从2020年到21世纪中叶的时间做了划分，从2020年到2035年，在全面建成小康社会的基础上，基本实现社会主义现代化，这是第一步。从2035年到21世纪中叶，在基本实现现代化的基础上，把我国建成富强民主文明和谐美丽的社会主义现代化强国，这是第二步。

（三）蕴含着推进新时代中国道路的方法论原则

习近平新时代中国特色社会主义思想中还蕴含着推进新时代中国

道路的方法论原则。这些方法论原则主要包含两个方面，即思想方法和工作方法。从思想方法来看，主要体现在五个方面：一是坚持实事求是。实事求是的精髓是对中国具体实际的深刻把握。二是坚持问题导向。习近平总书记指出，共产党人干革命、搞建设、抓改革，从来都是为了解决中国的现实问题。三是坚持全面协调。习近平总书记指出，一方面要学会科学统筹，统筹党和国家事业全局，统筹国际国内两个大局，统筹发展和安全两件大事，还要统筹推进的速度、力度和进度。另一方面在注重总体规划时，要牵住“牛鼻子”。四是坚持底线思维。底线思维就是设定最低目标，立足最低点，争取最大的期望值。习近平总书记多次强调，凡事要从坏处准备，努力争取最好的结果，这样才能把握主动权。五是坚持战略定力。战略定力就是在事物发展的总体趋势和方向上要保持清醒头脑，不为错误观点所左右。习近平总书记指出，在道路、方向、立场等重大原则问题上，旗帜要鲜明，态度要明确，不能有丝毫含糊。

从工作方法来看，主要体现为三个方面：一是坚持调查研究。习近平总书记指出，调查研究是谋事之基、成事之道。没有调查，就没有发言权，更没有决策权。要把调查研究贯穿决策的全过程，使之成为决策的必经程序。二是坚持抓铁有痕。习近平总书记指出，空谈误国，实干兴邦。要以踏石留印、抓铁有痕的劲头，切实干出成效来。要不断发扬钉钉子的精神，要一张蓝图绘到底，要真抓实干，要一步一个脚印、稳扎稳打向前走。三是坚持历史担当。习近平总书记总是将历史、现实、未来贯通起来思考问题。例如，联系5000多年中华文明史来思考中华民族的前途命运，联系社会主义500年发展史来思考社会主义运动的前进方向，联系中国近代以来170多年的历史来思考中华民族的伟大复兴，等等。这就要求广大党员干部在工作上有责任感、使命感，要真正做出经得起历史和人民检验的成就和业绩。

第二章

理论逻辑：「三大规律」

我们积极探索共产党执政规律、社会主义建设规律、人类社会发展规律，不断开辟马克思主义中国化新境界。

——习近平在庆祝改革开放40周年大会上的讲话（2018年12月18日）

任何事物的发展都是有规律可循的。所谓规律，就是自然界与人类社会诸现象之间必然、本质和稳定的联系。只有认识了自然界和人类社会发展的内在规律，才能更好地推动社会发展和人类进步。中国道路的形成和发展过程也是这样。习近平总书记指出："实践证明，我们党对共产党执政规律、社会主义建设规律、人类社会发展规律的认识不断深化，不断为坚持和发展中国特色社会主义提供了科学理论指导。"[1] 中国共产党之所以能够走出一条独具特色的中国道路，与正确地认识、顺应"三大规律"，即人类社会发展规律、社会主义建设规律以及共产党执政规律密切相关。

一、"和平与发展"时代主题的科学判断丰富和深化了人类社会发展规律

人类社会的发展有没有规律？这个规律是什么？在马克思主义产生之前，许多人在这个问题上的认识并不科学。自然界的发展有没有规律？人们很容易给出肯定的回答。但是为什么一涉及人类社会，人们就开始迟疑或者否定了呢？对于这一点，恩格斯曾有过说明："在自然界

〔1〕习近平：《在学习〈胡锦涛文选〉报告会上的讲话》，《人民日报》2016年9月30日。

中（如果我们把人对自然界的反作用撇开不谈）全是没有意识的、盲目的动力，这些动力彼此发生作用，而一般规律就表现在这些动力的相互作用中。……相反，在社会历史领域内进行活动的，是具有意识的、经过思虑或凭激情行动的、追求某种目的的人。"[1]那么人类社会发展规律到底是什么？马克思、恩格斯指出，生产力与生产关系、经济基础和上层建筑的矛盾运动是人类社会发展的基本规律；社会主义必然代替资本主义并最终发展到共产主义，这是人类社会发展的总趋势。正如马克思、恩格斯所说，他们的理论并不是教条，而是不断发展的，这个基本规律在不同的历史条件下其具体表现形式是不同的。

（一）时代主题已经由"战争与革命"转变为"和平与发展"

中国共产党对人类社会发展规律的认识充分体现在对时代主题的揭示上。对时代主题的分析异常重要，这是最高层次的战略判断，是一个国家制定政策的根本依据之一。改革开放后，中国共产党逐渐改变了之前一直强调的"战争与革命"的错误判断，提出了"和平与发展"的时代主题。对"和平与发展"时代主题的认识经历了一个不断深入的过程，大致上可以分成三个阶段。

1. 第一个阶段：从改革开放之初到 1985 年

1982 年党的十二大报告指出："世界大战的危险由于超级大国的争夺而越来越严重；但是，经验也表明，世界人民能够以坚持不懈的斗争

〔1〕恩格斯：《路德维希·费尔巴哈和德国古典哲学的终结》，《马克思恩格斯选集》第四卷，人民出版社 2012 年版，第 253 页。

打乱它们的战略部署。如果全世界人民真正团结一致，同霸权主义、扩张主义的一切表现进行坚决的斗争，世界和平是有可能维护的。”这里，一方面指出了“世界大战的危险由于超级大国的争夺而越来越严重”；另一方面又强调“世界和平是有可能维护的”，这就说明了当时在一定意义上对时代主题的认识还受“战争与革命”的影响，但是从整个意思来看，虽然表述得不是那么清晰、明白，却基本上跨越了“战争与革命”的主题，与之前相比有了很大的不同。

1984 年 10 月 31 日，邓小平在会见缅甸总统吴山友时指出：“国际上有两大问题非常突出，一个是和平问题，一个是南北问题。还有其他许多问题，但都不像这两个问题关系全局，带有全球性、战略性的意义。”[1] 1985 年 3 月 4 日邓小平在会见日本商工会议所访华团时更是系统地、详细地指出：“现在世界上真正大的问题，带全球性的战略问题，一个是和平问题，一个是经济问题或者说发展问题。和平问题是东西问题，发展问题是南北问题。概括起来，就是东西南北四个字。南北问题是核心问题。”[2] 能够看到，在这个时期我们还没有明确地提出“主题”，更没有提出“时代主题”的概念，更多地讲的是“两大问题”。“主题”与“两大问题”相比，“主题”让人感觉更为重要，更居于中心位置，同时“主题”比“两大问题”更能表达一种思想倾向。

〔1〕邓小平：《和平共处原则具有强大生命力》，《邓小平文选》第三卷，人民出版社 1993 年版，第 96 页。

〔2〕邓小平：《和平和发展是当代世界的两大问题》，《邓小平文选》第三卷，人民出版社 1993 年版，第 105 页。

2. 第二个阶段：从 1985 年到 1997 年党的十五大

1987 年党的十三大报告列举了党的十一届三中全会以来社会主义认识过程中发展出来的 12 个重要理论观点，最后一个谈的就是对时代主题的认识："根据国际形势和我国现代化建设的需要，围绕和平和发展两大主题，调整外交格局和党的对外关系。"1992 年党的十四大报告再次指出："和平与发展是当代世界两大主题。"之后党的十五大报告正式指出："和平与发展是当今时代的主题。"应该说，"和平与发展是当今时代的主题"的说法是党的十五大正式提出的。在这个时期，"两大主题"转变为"时代主题"。与世界的"两大主题"相比，"时代主题"多了一层意思，这个意思就是增加了时间上的跨度，它强调这是一个具有稳定性的东西，能够在相当长的时期里起主要作用，不会轻易地发生改变。

3. 第三个阶段：从党的十五大到现在

在这个阶段，我们党不断地深化对"和平与发展"时代主题的认识。江泽民强调在"和平与发展"时代主题没有发生根本变化的情况下要重点关注国际形势的两个重要特征，一个特征是涉及国际政治形势的世界多极化，另一个特征是涉及经济形势的经济全球化。胡锦涛看到进入 21 世纪之后，全球化使得世界上的各个国家、各个地区之间的联系更为紧密，将"和平与发展"时代主题进一步深化为"和平、发展、合作"，他指出，当今世界，和平、发展、合作已成为时代潮流。胡锦涛还指出，和平是发展的基本前提，发展是和平的坚实基础，合作是实现持久和平、共同发展的重要途径。习近平总书记在前几代领导人的基础上，更进一步地深化了“和平、发展、合作”的思想，在多个场合中都强调“共赢”理念的重要性。党的十八大报告指出：“中国将继续高举和平、发展、合作、共赢的旗帜，坚定不移致力于维护世界和平、促进共同发展。”2017年党的十九大在高举和平、发展、合作、共赢的旗帜下，呼吁“各国人民同心协力，构建人类命运共同体，建设持久和平、普遍安全、共同繁荣、开放包容、清洁美丽的世界”。

（二）在遇到重大危机的时候没有改变对“和平与发展”这一时代主题的科学判断

对时代主题的判断是一个重要的、事关全局的前提性工作。如果随意地变更对时代主题的判断，会造成一系列严重问题。在现实中，有的人一遇到风吹草动就试图改变对“和平与发展”时代主题的正确认识。1999年5月7日，美国轰炸机在未经联合国授权的情况下投掷了三枚导弹，击中了位于塞尔维亚贝尔格莱德的中华人民共和国驻南斯拉夫联盟大使馆。当场炸死3名中国记者，炸伤数十人。这件事情在全国产生了很大影响，许多地方都爆发了大规模的反美示威活动，许多人自发前往美国大使馆门前进行抗议。这件事情发生后，一些人开始质疑“和平与发展”时代主题，认为是“和平与发展”讲多了，不能再讲“和平与发展”是时代主题了。在这种情况下，党中央再一次申明“和平与发展”依然是时代主题，我们的中心任务依然是经济建设。江泽民指出：“邓小平同志说过，不论发生了什么事情，只要不是大规模的外敌入侵，我们都要紧紧扭住经济建设这个中心不放。……我们国家发展了、昌盛了、强大了，就能在国际斗争中赢得更大主动权，就能立于不败之地。""讲稳定，这是最大的大局。"[1]

（三）依据时代主题的变化来制定和调整我国的各项具体方针政策

在时代主题变化的大背景下，我们在制定各项具体方针政策的时候要摒弃之前的战争思维、革命思维，顺应"和平与发展"的时代要求。例如，"和平与发展"要求不断地扩大开放。1980年8月，全国人大常委会批准在广东、福建两省的深圳、珠海、汕头、厦门设立经济特区。1984年5月，中共中央、国务院批转《沿海部分城市座谈会纪要》，确定开放天津、上海、大连、秦皇岛、烟台、青岛、连云港、南通、宁波、温州、福州、广州、湛江和北海14个沿海港口城市。1985年2月，又批准将长江三角洲、珠江三角洲和闽南厦漳泉三角地区划为沿海经济开放区。1992年，开放5个沿江城市和三峡库区；开放了4个边境和沿海地区省会城市；开放了13个沿边城市，鼓励发展边境贸易和与周边国家的经济合作；开放了11个内陆省会城市。2001年12月11日，中国正式成为世界贸易组织的第143名成员，这为中国经济在全球化进程中参与制定规则、拓展发展空间提供了重要平台。2013年中国又提出建设"丝绸之路经济带"和"21世纪海上丝绸之路"，"一带一路"的提出明确了我国对外开放的新方向，从制度和内容上进一步深化了我国的对外开放水平，更加密切了同世界其他国家的沟通和联系。

我们不仅根据"和平与发展"的时代主题制定政策，还根据这一主

〔1〕江泽民：《同仇敌忾，团结御侮》，《江泽民文选》第二卷，人民出版社2006年版，第327页。

题调整、修改那些过时的、不合时宜的战略策略。例如，传统的观念认为社会主义与资本主义是不相容的，发展社会主义就要埋葬资本主义。在“和平与发展”的时代主题下，我们党认识到与资本主义国家长期共存是必须面对的现实，需要逐渐改变相互对立的态度，改善与资本主义国家的关系，积极吸收资本主义国家中的一切优秀成果。1985 年 6 月 4 日，邓小平在中央军委扩大会议上阐述了中国外交方针的两大战略转变，其中第二个转变就是要改变“一条线”战略，开始实行独立自主的外交政策。20 世纪 90 年代初期，我国一方面积极发展同周边国家的关系，推动睦邻外交；另一方面，打破西方国家的“制裁”，恢复和稳定与西方国家的关系。此后，我国以更加积极的姿态参加一系列地区性多边组织，开展多形式、多层次、多渠道的区域性对话和合作。不仅对外的战略策略有调整、修改，对内的战略策略也有调整和修改。其中，最典型的表现就是“一国两制”构想的提出和实施。用和平的方式处理香港、澳门问题，允许资本主义在一个小范围内存在，一方面有利于保持这些地区的繁荣稳定；另一方面又有利于与相关国家关系的维护和改善，同时还有利于世界的和平与稳定。

二、社会主义初级阶段基本国情的科学判断丰富和深化了社会主义建设规律

如何进行社会主义建设，或者说社会主义建设应该遵循什么规律，马克思主义经典作家曾经有过初步的设想。在《共产党宣言》中，马克思、恩格斯设计了 10 条措施：“1. 剥夺地产，把地租用于国家支出。

2. 征收高额累进税。3. 废除继承权。4. 没收一切流亡分子和叛乱分子的财产。5. 通过拥有国家资本和独享垄断权的国家银行，把信贷集中在国家手里。6. 把全部运输业集中在国家手里。7. 按照共同的计划增加国家工厂和生产工具，开垦荒地和改良土壤。8. 实行普遍劳动义务制，成立产业军，特别是在农业方面。9. 把农业和工业结合起来，促使城乡对立逐步消灭。10. 对所有儿童实行公共的和免费的教育。取消现在这种形式的儿童的工厂劳动。把教育同物质生产结合起来，等等。"[1] 经典作家的这些设想是建立在生产力高度发达、生产社会化已经达到相当高度的基础上的，用马克思、恩格斯的话来说，"最先进的国家几乎都可以采取下面的措施"[2]。后来，马克思、恩格斯也认为这些设想需要做修改，他们说："第二章末尾提出的那些革命措施根本没有特别的意义。如果是在今天，这一段在许多方面都会有不同的写法了。"[3] 在一个经济文化比较落后、工业化刚刚起步的国家，社会主义建设的规律是什么？从中国共产党自身的经验来看，什么时候科学地认识国情、分析国情，党和国家的事业就比较顺利；什么时候在国情的认识上不科学，党和国家的事业就必定遭受损失。

（一）认清了中国还处在社会主义初级阶段这个最大国情

改革开放之后，中国道路之所以能够成功也是建立在科学地认识国

〔1〕马克思、恩格斯：《共产党宣言》，《马克思恩格斯选集》第一卷，人民出版社 2012 年版，第 421—422 页。
〔2〕马克思、恩格斯：《共产党宣言》，《马克思恩格斯选集》第一卷，人民出版社 2012 年版，第 421 页。
〔3〕马克思、恩格斯：《共产党宣言》，《马克思恩格斯选集》第一卷，人民出版社 2012 年版，第 248—249 页。

情基础上的。在马克思、恩格斯看来，社会主义社会刚刚从资本主义社会中产生出来，在经济、道德和精神等方面还带着脱胎出来的旧社会的痕迹，因此是一个短暂的过渡阶段，是一个不成熟、不完善的阶段。列宁正确地认识到建设社会主义社会的过程是一个长期的探索过程，他说："我们准备忍受几千个困难，准备作几千次尝试，而且，我们在作了一千次尝试以后，准备去作一千零一次尝试。"[1]但是由于领导社会主义实践的时间太短，对于社会主义究竟要经历哪几个阶段他并没有做出明确的说明。改革开放之后，我们党明确指出中国还处在社会主义初级阶段。我们深刻体会到建设社会主义社会是一个长期的过程，仅仅一个初级阶段就至少需要上百年的时间，此外除了初级阶段外，还有一个社会主义制度的巩固和发展阶段，并且后一阶段与前一阶段相比，需要的时间可能更长，任务可能更艰巨。

当然，搞清楚中国这个最大国情不是一蹴而就的，也有一个发展过程，大致可以分成三个阶段。

1. 第一个阶段：从 1978 年党的十一届三中全会到 1987 年党的十三大

在这一阶段我们党对国情已经做出一系列重要阐发，例如，1980 年 4 月 21 日邓小平在会见阿尔及利亚民族解放阵线代表团时的谈话中指出："现在我们正在总结建国三十年的经验。总起来说，第一，不要离开现实和超越阶段采取一些'左'的办法，这样是搞不成社会主义

〔1〕列宁：《全俄中央执行委员会、莫斯科苏维埃和工会联席会议文献》，《列宁全集》第三十四卷，人民出版社 1985 年版，第 379 页。

的。"[1] 1981 年《关于建国以来党的若干历史问题的决议》指出，"社会主义制度还是处于初级的阶段"；1982 年党的十二大报告指出，"我国的社会主义社会现在还处在初级发展阶段"；1986 年通过的《中共中央关于社会主义精神文明建设指导方针的决议》再一次指出，我国还处在社会主义的初级阶段。

2. 第二个阶段：1987 年党的十三大前后

这一时期的特点是我们党开始全面地、系统地提出了关于国情的社会主义初级阶段理论，并从正面、反面以及特征三个方面详细地展开。党的十三大报告明确指出："正确认识我国社会现在所处的历史阶段，是建设有中国特色的社会主义的首要问题，是我们制定和执行正确的路线和政策的根本依据。对这个问题，我们党已经有了明确的回答：我国正处在社会主义的初级阶段。这个论断，包括两层含义。第一，我国社会已经是社会主义社会。我们必须坚持而不能离开社会主义。第二，我国的社会主义社会还处在初级阶段。我们必须从这个实际出发，而不能超越这个阶段。"这里明确指出了"社会主义初级阶段"是什么，从两个方面做了正面的回答，并且明确指出要以此作为制定路线方针政策的根本依据。除了正面的回答外，还从反面说明了社会主义初级阶段不是什么。例如，"它不是泛指任何国家进入社会主义都会经历的起始阶段"，"既不同于社会主义经济基础尚未奠定的过渡时期，又不同于已经实现社会主义现代化的阶段"，"阶级斗争在一定范围内还会长期存

〔1〕邓小平：《社会主义首先要发展生产力》，《邓小平文选》第二卷，人民出版社 1994 年版，第 312 页。

在，但已经不是主要矛盾”。

除了从正面和反面两个角度来论述国情之外，还从特征的角度做了说明。例如，从时间上看，从20世纪50年代生产资料私有制的社会主义改造基本完成，到社会主义现代化的基本实现，至少需要上百年时间。从主要矛盾上看，是人民日益增长的物质文化需要同落后的社会生产之间的矛盾。从一些具体特征上看，是逐步摆脱贫穷、摆脱落后的阶段；是由农业人口占多数的手工劳动为基础的农业国，逐步变为非农产业人口占多数的现代化的工业国的阶段；是由自然经济半自然经济占很大比重，变为商品经济高度发达的阶段；是通过改革和探索，建立和发展充满活力的社会主义经济、政治、文化体制的阶段；是全民奋起，艰苦创业，实现中华民族伟大复兴的阶段。

3. 第三个阶段：从1992年党的十四大到1997年党的十五大

1997年9月12日，党的十五大报告在十三大报告的基础上，对社会主义初级阶段的认识又深了一步，从九个方面概括了其基本特征：第一，是逐步摆脱不发达状态，基本实现社会主义现代化的历史阶段；第二，是由农业人口占很大比重、主要依靠手工劳动的农业国，逐步转变为非农业人口占多数、包含现代农业和现代服务业的工业化国家的历史阶段；第三，是由自然经济半自然经济占很大比重，逐步转变为经济市场化程度较高的历史阶段；第四，是由文盲半文盲人口占很大比重、科技教育文化落后，逐步转变为科技教育文化比较发达的历史阶段；第五，是由贫困人口占很大比重、人民生活水平比较低，逐步转变为全体人民比较富裕的历史阶段；第六，是由地区经济文化很不平衡，通过有先有后的发展，逐步缩小差距的历史阶段；第七，是通过改革和探索，建立和完善比较成熟的充满活力的社会主义市场经济体制、社会主义民主政治体制和其他方面体制的历史阶段；第八，是广大人民牢固树立建设有中国特色社会主义共同理想，自强不息，锐意进取，艰苦奋斗，勤俭建国，在建设物质文明的同时努力建设精神文明的历史阶段；第九，是逐步缩小同世界先进水平的差距，在社会主义基础上实现中华民族伟大复兴的历史阶段。

（二）随着对国情认识的不断深化，我们党有针对性地制定了相应的路线方针政策

我国最大的国情是"仍处于并将长期处于社会主义初级阶段"。正是根据对这一国情的认识，我们以此作为制定路线方针政策的根本依据。表现在基本路线方面，1987 年党的十三大报告提出社会主义初级阶段的基本路线："领导和团结全国各族人民，以经济建设为中心，坚持四项基本原则，坚持改革开放，自力更生，艰苦创业，为把我国建设成为富强、民主、文明的社会主义现代化国家而奋斗。"基本路线形成之后，也不是一成不变的，而是本着务实的态度依据具体实践的变化做有针对性的补充和完善。在 2007 年党的十七大修改的党章中，将基本路线中的"富强、民主、文明"修改为"富强民主文明和谐"，也就是将经济、政治、文化三个方面的奋斗目标改为经济、政治、文化、社会四个方面的奋斗目标。在 2017 年党的十九大修改的党章中，在"富强民主文明和谐"的基础上又增加了"美丽"的目标，变为"富强民主文明和谐美丽"，体现了经济、政治、文化、社会、生态五个方面的要求。

不仅在基本路线的制定和修改中体现了国情的要求，为了贯彻落实基本路线，在每一项基本目标下面分别有一系列的方针政策与之相配套，也贯彻了国情的要求。例如，党的十五大将社会主义初级阶段的经济政策具体表述为，经济上要坚持和完善社会主义公有制为主体、多种所有制经济共同发展的基本经济制度；坚持和完善社会主义市场经济体制；坚持和完善按劳分配为主体的多种分配方式；坚持和完善对外开放，积极参与国际经济合作和竞争，等等。

不仅如此，对基本路线在不同历史时期的调整中所增加的部分，也贯彻了国情的要求。例如，对于党的十七大增加的“社会”部分，提出了优先发展教育，建设人力资源强国；实施扩大就业的发展战略，促进以创业带动就业；深化收入分配制度改革，增加城乡居民收入；加快建立覆盖城乡居民的社会保障体系，保障人民基本生活；建立基本医疗卫生制度，提高全民健康水平；完善社会管理，维护社会安定团结。对于党的十九大增加的“生态文明”部分，则提出了推进绿色发展，着力解决突出环境问题，加大生态系统保护力度，改革生态环境监管体制，等等。

（三）在社会主要矛盾发生变化的情况下，相应地调整继续深化改革的具体思路

党的十九大作出中国特色社会主义进入新时代的重大论断，“我国仍处于并将长期处于社会主义初级阶段的基本国情没有变”，但是我们的社会主要矛盾却发生了历史性变化，即由“人民日益增长的物质文化需要同落后的社会生产之间的矛盾”转化为“人民日益增长的美好生活

需要和不平衡不充分的发展之间的矛盾"。如何根据社会主要矛盾的变化相应地调整继续深化改革的具体思路？这里依然离不开对国情的分析和把握。

党中央指出我国经济已由高速增长阶段转向高质量发展阶段，正处在转变发展方式、优化经济结构、转换增长动力的攻关期。为此，我们必须转变以往的旧思路，采取供给侧结构性改革的新思路。供给侧结构性改革是针对需求侧来说的，二者有很大的差别。一是需求侧的主要作用对象是购买者、消费者，供给侧的主要作用对象则是生产者；二是需求侧重在解决总量问题，注重短期调整，主要是通过调节税收、财政支出、货币信贷来刺激或抑制需求，进而推动经济增长。供给侧重在解决结构性问题，注重提高生产效率，对于劳动者，旨在调动劳动者的积极性（短期），提高劳动者技能和人力资本积累（长期）；对于企业，旨在降低企业成本（短期），提高企业创新能力（长期）。在提出了供给侧结构性改革思路之后，我们党还提出了一系列具体措施来落实这一思路。例如，既有加快发展先进制造业，推动互联网、大数据、人工智能和实体经济深度融合的政策；也有支持传统产业优化升级，加快发展现代化服务业的政策；还有加强水利、铁路、公路、水运、航空、管道、电网、信息、物流等基础设施网络建设的政策，等等。

三、党所处历史方位的科学判断丰富和深化了共产党执政规律

共产党执政规律与社会主义建设规律是密切联系在一起的，因为从

一般意义上来说，共产党是社会主义事业的领导者，没有共产党就没有社会主义，这是一个基本事实。但是共产党执政规律与社会主义建设规律是不同的，二者在侧重点上有所区别。社会主义建设规律侧重点在对各个国家、各个民族的历史传统和基本国情的判断，侧重对各个国家具体历史条件的分析；共产党执政规律则侧重在各种各样的现实条件对共产党执政的不同要求上，特别是随着时代发展和党的历史方位的变化对执政方式的要求上。从这个角度去看，我们党在沿着中国道路前进的过程中，对所处历史方位的科学判断是一个重大命题。

（一）认清了党从夺取政权向长期执政、从外部封锁和实行计划经济向对外开放和发展社会主义市场条件下领导国家建设的转变

明确指出党所处历史方位重大变化的是江泽民，他在庆祝中国共产党成立 80 周年大会上的讲话中指出："经过八十年的发展，我们的党员队伍，党所处的地位和环境，党所肩负的任务，都发生了重大变化。我们党已经从一个领导人民为夺取全国政权而奋斗的党，成为一个领导人民掌握着全国政权并长期执政的党；已经从一个在受到外部封锁的状态下领导国家建设的党，成为在全面改革开放条件下领导国家建设的党。"[1] 而在江泽民之前，我们党也关注过党所处的历史方位问题。邓小平 1982 年在中共中央政治局讨论《中共中央、国务院关于打击经济领域中严重犯罪活动的决定》的会议上指出："我们自从实行对外开放和

〔1〕江泽民：《在庆祝中国共产党成立八十周年大会上的讲话》，《江泽民文选》第三卷，人民出版社 2006 年版，第 282 页。

对内搞活经济两个方面的政策以来，不过一两年时间，就有相当多的干部被腐蚀了。卷进经济犯罪活动的人不是小量的，而是大量的。犯罪的严重情况，不是过去'三反'、'五反'那个时候能比的。……这股风来得很猛。如果我们党不严重注意，不坚决刹住这股风，那末，我们的党和国家确实要发生会不会'改变面貌'的问题。这不是危言耸听。"[1]在这里，我们能够看到邓小平通过对比的方式向我们强调了"三反""五反"时期党员干部的腐败与对外开放之后的区别，并且提醒我们要注意研究这种区别，这实际上已经潜在蕴含了党所处历史方位的问题。

党所处的历史方位包含着两个方面的含义。第一，我们党已经从夺取政权转向长期执政。夺取政权，意味着我们党的主要任务是革命，作为革命党就是要推翻当时的反动统治，就是要实行武装斗争；作为革命党，就必须搞清楚谁是我们的朋友，谁是我们的敌人，就必须搞清楚哪些阶级、阶层是可以依靠的，哪些阶级、阶层是可以分化的，哪些阶级、阶层是必须打击的；作为革命党，由于不掌握政权，在满足群众需要、获取群众支持的方式方法上受到各种限制，更多地只能用革命的美好前景去号召群众、动员群众；作为革命党，一般来说工作的环境都比较艰苦，比较恶劣，正因为处在这种艰苦、恶劣的环境中，所以不论是党员还是干部都不敢脱离群众，各种以权谋私、贪污腐败的事情相对来说比较少。作为一个执政党，特别是作为一个长期执政的党，我们面临的情况就必然表现出很大的不同。作为执政党，主要任务就是进行社会

〔1〕邓小平：《坚决打击经济犯罪活动》，《邓小平文选》第二卷，人民出版社1994年版，第402—403页。

主义现代化建设，必须以经济建设为中心，做好政治、文化、社会、生态等各个方面的工作。作为执政党，必须摒弃阶级斗争的思维方式，从国家利益、社会利益、民族利益出发，最大限度地调动一切积极因素为国家服务、为社会服务。作为执政党，掌握了政权，可以调动的资源增多了，一方面可以用这些资源更好地为人民群众服务了，有了更多的机会满足人民群众各种实实在在的利益了；但另一方面，由于掌握了权力，站在权力的“顶峰”上，这样也就更有机会，或者说更容易发生以权谋私、假公济私等腐败行为了，也就更容易脱离基层、脱离群众了。

第二，我们党已经从封闭和计划经济条件下的执政党，转变为对外开放和市场经济条件下的执政党。在封闭和计划经济条件下，我们发展经济主要是靠本国的力量，主要靠自力更生、艰苦创业，主要靠自己的资金、技术、劳动力，等等；在封闭和计划经济条件下，国家基本承担了城市居民的就业，农村人口也全部被组织在集体经济体制中；在封闭和计划经济条件下，党员和群众基本上都在政府直接管理的部门或单位中工作，党的组织和领导主要是通过自上而下组织严密的部门或单位来实施；在封闭和计划经济条件下，所有制单一，社会阶层也比较简单，一般也不会发生企业倒闭、工人下岗等诸多问题。但是，在对外开放和市场经济条件下，一个国家的发展离不开世界，一个国家要发展经济就不能只利用本国的资金、技术、劳动力等资源，还必须扩大开放，增强与世界上其他国家的联系，甚至在有的时候不得不争抢资源；在对外开放和市场经济条件下，人们在就业和生产经营活动方面的流动性大大增强了，出现了大量的进城务工人员以及体制外群体，在这种情况下完全依靠旧的领导方式、领导方法就不够用了，不得不借助市场的力量；在对外开放和市场经济条件下，由于劳动性质、就业方式、收入分配等现实条件的变化，不同地区、不同部门、不同职业群众的具体利益出现了这样或者那样的差别，我们不得不在不同利益群体之间搞平衡，这样我们如何能够代表全体人民的根本利益和不同社会群体之间的具体利益逐渐变得越来越复杂了。

（二）立足党所处的历史方位，根据不同情况不断调整党的建设的方针政策

在认清了党所处历史方位的重大变化之后，党的历代领导人根据时代要求，把握党的干部群众的具体特点，充分运用马克思主义基本原理研究并解答实践中的重大问题，在党的建设上制定了不同的方针政策。

第一，以江泽民同志为主要代表的中国共产党人创造性地提出中国共产党不仅是中国工人阶级的先锋队，同时还是中国人民和中华民族的先锋队，是中国特色社会主义事业的领导核心。为此，党必须扩大群众基础，不断提高党的社会影响力。"来自工人、农民、知识分子、军人、干部的党员是党的队伍最基本的组成部分和骨干力量，同时也应该把承认党的纲领和章程、自觉为党的路线和纲领而奋斗、经过长期考验、符合党员条件的社会其他方面的优秀分子吸收到党内来。"[1]"三个代表"重要思想创造性地把党的建设同当今世界和当代中国的发展紧密联系，把党的建设同中国特色社会主义伟大事业联系起来，从指导思想、总体目标、历史性课题等各个方面分析了推进党的建设伟大工程的主要

〔1〕江泽民：《在庆祝中国共产党成立八十周年大会上的讲话》，《江泽民文选》第三卷，人民出版社2006年版，第286页。

任务和战略部署。

第二，以胡锦涛同志为主要代表的中国共产党人明确提出把党的执政能力建设作为党和国家事业兴衰成败的重大战略课题，提出坚持科学执政、民主执政、依法执政。这是我们总结党执政成功经验的必然结论，也是新形势下中国共产党更好执政的根本要求；提出党的先进性建设是关系马克思主义政党生存发展的根本性问题，要把加强党的先进性建设当成加强和改进党的建设的长期任务和永恒课题；还要清醒地认识到我们党面临的“四大考验”和“四种危险”，即执政考验、改革开放考验、市场经济考验、外部环境考验以及精神懈怠危险、能力不足危险、脱离群众危险、消极腐败危险。

第三，以习近平同志为核心的党中央以坚定的决心、顽强的意志、空前的力度推进全面从严治党，提出了中国共产党领导是中国特色社会主义最本质的特征，勇于自我革命是党最鲜明的品格；提出管党治党一刻都不能松懈；提出要补足中国共产党人精神上的“钙”；提出要用制度治党、管权、治吏；提出要坚持以零容忍的态度惩治腐败；提出政治建设是党的根本性建设，思想建设是党的基础性建设，作风建设永远在路上，等等。

第三章

历史必然："四个走出来"

实现中国梦必须走中国道路。这就是中国特色社会主义道路。这条道路来之不易，它是在改革开放30多年的伟大实践中走出来的，是在中华人民共和国成立60多年的持续探索中走出来的，是在对近代以来170多年中华民族发展历程的深刻总结中走出来的，是在对中华民族5000多年悠久文明的传承中走出来的，具有深厚的历史渊源和广泛的现实基础。

——习近平在第十二届全国人民代表大会第一次会议上的讲话（2013年3月17日）

中国道路具有历史必然性。中国道路并不是无源之水、无本之木，它根植于党史、根植于国史、根植于民族史，是通过总结党史、国史和民族史中的经验教训一步步产生和发展出来的，离开了党史、国史和民族史，就无法深刻理解和把握中国道路的科学性与合理性。

一、从改革开放 40 多年的伟大实践中走出来

何为中国道路？或者说，中国道路是何时开辟的？有人认为中国道路是对中国社会主义革命和现代化建设的经验总结，在他们看来，中国道路的开辟应该从中国的社会主义革命，即 1953 年社会主义改造算起。还有人认为，中国道路应该从中国进入近代社会，即 1840 年鸦片战争算起。这些认识都有问题。中国道路不是泛泛地谈鸦片战争以来的中国现代化道路，也不是新民主主义革命和社会主义建设的道路，而是特指改革开放以来形成和发展起来的中国特色社会主义道路。要想认识中国道路，必须增强对改革开放这一场“伟大实践”的充分理解。

（一）在我们取得的成就中认识这场“伟大实践”

改革开放 40 多年来，中国走完了西方发达国家几百年的发展历程，

创造了令世界瞩目的“东方奇迹”。特别是党的十八大以来，在全球经济低迷、保护主义日益抬头的情形下，我们依然能够保持经济中高速增长，2012 年和 2013 年的增长速度为 7.7%，2014 年的增长速度为 7.4%，2015 年的增长速度为 6.9%，2016 年的增长速度为 6.7%，2017 年的增长速度为 6.9%，2018 年的增长速度为 6.6%。在世界主要国家中名列前茅。2018 年国内生产总值达 900309 亿元，稳居世界第二，对世界经济增长贡献率超过 30%，成为带动世界经济复苏的重要引擎。人民群众获得感明显增强，居民生活质量不断提升，2018 年人均国内生产总值达到 64644 元。中国特色社会主义事业在经济、政治、文化、社会、生态、党的建设等领域中持续深入推进，中国正在经历从富起来到强起来的伟大飞跃，全社会都呈现出经济发展、政治昌明、文化繁荣、社会和谐、生态改善、党的先进性和纯洁性不断提高的良好态势。这一切都告诉我们，改革开放的道路走对了，改革开放的指导理论是正确的，改革开放中产生的制度和文化是合理的。

（二）在吸取教训中认识这场“伟大实践”

对改革开放这场“伟大实践”的认识还要回溯到之前所犯的错误。很多人可能会说，失败和错误与“伟大”能扯上关系吗？这就涉及如何看待错误、看待失败的问题。邓小平 1984 年 10 月在会见马尔代夫总统加尧姆的时候就说过：“我们建国三十五年来取得的成就是大的。但是中间经过一些波折，耽误了一些时间。最大的波折是‘文化大革命’。如果没有这些波折，中国的面貌肯定不一样了。最近六年来，我们改变了过去一些‘左’的政策。现在我们一心一意地搞经济建设。六年中，我们取得的成就超过了预想。”“这是我们吃了苦头总结出来的经验。”[1]从这段话中，我们能够看出，如果没有“左”的时期，如果没有那些“左”的政策，如果没有那些“左”的错误，我们在改革开放之后不会坚决转变工作重点，也不可能心无旁骛、一心一意搞经济建设。同样的道理，党的十八大之后以习近平同志为核心的党中央正是看到了我们党、我们国家在之前所犯的一些错误，进而通过不断地加强党的思想、政治、组织、作风、制度等方面的建设来改正这些错误，纠正这些错误，最终才使我们党和国家发生了巨大的变化，才极大地提振了党心、民心。历史和现实反复证明，向错误学习，通过不断地吸取错误中所蕴含的深刻教训来实现自我革新、自我完善是我们成功的重要法宝。

（三）在与其他国家的对比中认识这场“伟大实践”

中国共产党的自信还来自与世界上其他国家的比较。有比较才有鉴别，有比较认识才深刻。当前，世界正处在大发展大变革大调整时期，地区冲突频繁发生，恐怖主义、难民潮等全球性挑战此起彼伏，各国发展不平衡加剧，世界面临的不确定、不稳定因素增加。许多国家掀起了“颜色革命”和所谓“阿拉伯之春”的浪潮，以1991年冷战结束为时间节点，几乎所有西方国家与美国的差距都在拉大，例如，日本的经济总量由占美国的65%减少到25%左右，德国的经济总量由占美国的50%减少到20%左右。即便是美国自身，也面临着一系列问题，特别是以政

〔1〕邓小平：《革命和建设都要走自己的路》，《邓小平文选》第三卷，人民出版社1993年版，第94—95页。

党轮替、三权分立为特征的政治体制模式，在民粹主义的压力下，正在暴露出难以克服的弊端和局限。政党利益、集团利益常常绑架国家利益和人民利益，某些有利于全体人民群众的大政方针就是难以获得通过，政党斗争此起彼伏。相比之下，中国却"风景这边独好"，在世界乱局中保持了经济发展、人心凝聚、社会和谐、大局稳定。现在，中国正日益走近世界舞台中央，正前所未有地接近实现中华民族伟大复兴的中国梦，正前所未有地具有实现这个目标的能力和信心。任何一个明眼的人、公道的人，都会看到我国道路、理论、制度和文化的优势。

二、从中华人民共和国成立 70 年的持续探索中走出来

从中华人民共和国成立 70 年的持续探索中走出来，这一判断实际上说明了中国道路与以毛泽东同志为主要代表的中国共产党人的密切关系。在理解中国道路时，有的人有意或者无意地割裂了改革开放前和改革开放后两个历史时期，表现为或者用改革开放后的历史时期否定改革开放前的历史时期，或者用改革开放前的历史时期否定改革开放后的历史时期。正如习近平总书记 2013 年 1 月 5 日在新进中央委员会的委员、候补委员学习贯彻党的十八大精神研讨班上所指出的："这是两个相互联系又有重大区别的时期，但本质上都是我们党领导人民进行社会主义建设的实践探索。中国特色社会主义是在改革开放历史新时期开创的，但也是在新中国已经建立起社会主义基本制度、并进行了 20 多年建设

的基础上开创的。”[1]

（一）从新中国成立后的成就来认识“持续探索”

中国道路离不开新中国成立后我们党所取得的一系列成就，正是这些成就为此后的实践奠定了坚实的基础。

第一，新中国成立后，以毛泽东同志为主要代表的中国共产党人带领全国各族人民，在迅速医治战争创伤、恢复国民经济的基础上，提出了过渡时期总路线，完成了由新民主主义革命向社会主义革命的转变，使中国这个占世界 1/4 人口的东方大国进入了社会主义社会，成功实现了中国历史上最深刻最伟大的社会变革。新民主主义革命的胜利、社会主义基本制度的确立，为当代中国一切发展进步奠定了根本政治前提和制度基础。

第二，社会主义基本制度确立以后，毛泽东对适合中国情况的社会主义建设道路进行了艰苦探索。他以苏联的教训为鉴戒，提出要创造新的理论，把马克思列宁主义基本原理同中国实际进行“第二次结合”。1956 年毛泽东在中共中央政治局作的《论十大关系》的讲话，是中国共产党比较系统地探索中国自己的社会主义建设道路的开始，“十大关系”包括：重工业和轻工业、农业的关系，沿海工业和内地工业的关系，经济建设和国防建设的关系，国家、生产单位和生产者个人的关系，中央和地方的关系，汉族和少数民族的关系，党和非党的关系，革命和反革命的关系，是非关系，中国和外国的关系。“十大关系”中前五个关系

〔1〕习近平：《毫不动摇坚持和发展中国特色社会主义》，《习近平谈治国理政》第一卷，外文出版社 2018 年版，第 22 页。

是主要的，这说明我们党在开始社会主义建设时就已经把经济建设摆在重要的位置。

第三，在中国共产党领导下，我国各族人民投入热火朝天的社会主义建设中。在不长的时间里，我国社会发生了翻天覆地的变化，建立起独立的比较完整的工业体系和国民经济体系，独立研制出"两弹一星"，成为在世界上有重要影响的大国，积累了在中国这样一个社会生产力十分落后的东方大国进行社会主义建设的重要经验。

第四，新中国成立以来，我们确立了社会主义基本制度，取得了社会主义建设的基础性成就，为我们探索建设中国特色社会主义道路积累了经验，提供了条件，为我们党和人民事业胜利发展、为中华民族阔步赶上时代发展潮流创造了根本前提，奠定了坚实的理论和实践基础。

（二）从新中国成立后的教训来认识"持续探索"

对持续探索的认识，还要从新中国成立后的教训来领会。正如习近平总书记所说，人世间没有一帆风顺的事业。综观世界历史，任何一个国家、一个民族的发展，都会跌宕起伏甚至充满曲折。在中国这样的社会历史条件下建设社会主义，没有先例，犹如攀登一座人迹未至的高山，一切攀登者都要披荆斩棘、开通道路。

第一，社会主义改造基本完成之后，党和国家的工作重点必须转移到以经济建设为中心的社会主义现代化建设上来。

第二，在经济工作中长期存在"左"倾错误，脱离了我国国情，忽视了生产建设、经营管理的经济效果和各项经济计划、经济政策、经济措施的科学论证，造成大量的浪费和损失。同时，没有按照客观经济规律和自然规律办事，没有做到各经济部门按比例地协调发展。

第三，社会主义生产关系的变革和完善必须适应生产力的状况，必须有利于生产的发展。国有经济和集体经济是我国基本的经济形式，一定范围的劳动者个体经济是公有制经济的必要补充。必须实行适应各种经济成分的具体管理制度和分配制度。

第四，剥削阶级被消灭之后，阶级斗争已经不是主要矛盾。由于国内和国际因素的影响，阶级斗争还将在一定范围内长期存在，在某种条件下还有可能被激化。既要反对把阶级斗争扩大化的观点，也要反对认为阶级斗争已经熄灭的观点。

第五，必须逐步建设高度民主的社会主义政治制度。我们在一段时间里没有重视这一任务，成为“文化大革命”发生的一个重要条件，这是一个沉痛的教训。

第六，社会主义必须有高度的精神文明。要坚决扫除“文化大革命”时期存在的轻视教育科学文化和歧视知识分子的错误观念，提高教育科学文化在现代化建设中的地位和作用，肯定知识分子同工人、农民一样是社会主义事业的依靠力量，没有文化、不重视知识分子是不可能建成社会主义的。

第七，改善和发展社会主义民族关系，加强民族团结。在“文化大革命”中，我们犯过把阶级斗争扩大化的严重错误，伤害了许多少数民族干部和群众。在工作中，对少数民族自治权利尊重不够。

第八，必须把党建设成为具有健全的民主集中制的党。禁止任何形式的个人崇拜。一定要维护党的领袖人物的威信，同时要保证他们的活动处在党和人民的监督之下。

三、从对近代以来 170 多年中华民族发展历程的深刻总结中走出来

这个判断回答了中国道路是中国近现代历史发展的必然结果，反映了各族人民的愿望和根本利益。鸦片战争爆发之前，从我国很多指标上看，例如人口、粮食产量、白银存量，都是位居世界前列的。鸦片战争以后，中华民族的先进分子得出一个结论，中国也要生产坚船利炮，进而兴起了中国近代史上的洋务运动。但是从 1840 年鸦片战争到 1894 年甲午战争，半个多世纪，中国又一次经历了惨败。中华民族的先进分子认为制度不行，因此他们提出要变法——戊戌变法，但是清朝统治阶级不答应。一次次的失败接连拷问着这个民族，我们到底应该走向何处？最终 1917 年俄国十月革命爆发，十月革命一声炮响给我们送来马克思列宁主义。在马克思列宁主义的指导下，我们取得了新民主主义革命的胜利。

（一）从洋务派的自救运动来看"深刻总结"

1860 年后，在中外反动势力联合镇压太平天国运动的过程中，清朝封建统治集团中逐渐形成了一批具有买办性的官僚军阀。他们在与外国资本主义打交道的过程中，不但认为清政府与外国侵略者的矛盾可以调解，而且还可以采用一些资本主义生产技术，以达到维护封建统治的目的。这部分人就是当时清政府内当权的洋务派，他们从 19 世纪 60 年代至 90 年代所从事的洋务，史称"洋务运动"。

由于洋务运动的终极目的是维护封建统治，虽然取得了一定成

绩，但并没有使中国走上富强道路。其失败原因可以归纳为以下三点。

第一，在不触动腐朽的封建制度的前提下，洋务派试图利用西方资本主义的某些长处来维护封建专制统治，这注定了洋务运动是不可能成功的。同时，洋务运动处处受到顽固派的阻挠和破坏，从而加大了洋务运动开展的阻力。

第二，洋务派本身的阶级局限性，决定了他们既是近代工业的创办者和经营者，也是其摧残者和破坏者，其封建衙门和官僚式的体制，必定导致洋务企业的失败。

第三，洋务运动的目的之一是抵御外侮，但洋务派在主持外交活动中，坚持“外须和戎”，对外妥协投降，他们所创办的近代企业有抵御外侮和“稍分洋人之利”的作用，但却不能改变中国半殖民地半封建的社会性质。甲午战争，北洋水师全军覆没，洋务派标榜的“自强”“求富”目标未能实现，洋务运动在遗憾中失败了。

（二）从改良派的百日维新来看“深刻总结”

1898 年是中国的戊戌年，光绪皇帝在这年宣布维新变法。在短短的 103 天时间里，光绪皇帝颁布了 300 多道变法谕旨，240 多件最高指示，内容涉及各个领域。变法的决心之强、规模之大，震动了整个东方世界。但是在 103 天之后，变法突然终止。光绪皇帝被终身软禁，戊戌六君子血溅菜市口，旗手康有为、梁启超流亡海外。百日维新是近代以来中国首次有意识地进行制度变革、适应现代化挑战的尝试，但是这次改良运动以流血的悲剧结束。

从主观上看，戊戌变法的失败是由于：一是资产阶级维新派的软弱性和妥协性，缺乏反封建的勇气，只采取改良的办法，对封建反动势力寄予幻想。他们对资本主义制度与封建制度的严重对立性认识不足，对政治斗争残酷性认识不足，没有认识到军队在政治斗争中的重要作用，没有采取由维新派掌管军队的措施，以致面对政变阴谋无计可施。

二是维新派反对帝国主义的侵略，却不明确提出反帝的具体主张，甚至还对侵略者抱有幻想。

三是维新派既没有政治实力，又缺乏政治经验。维新派在变法过程中没有认识到人民群众的力量，把变法局限于开明的封建大夫和知识分子的小圈里，幻想通过知识分子进行革命，从而实现自己的政治理想。

四是维新派对改革操之过急。他们不是积极稳妥地筹划实施而是急风暴雨式地发布谕旨，希望改革立竿见影。但是事实证明激进的变革主张，使许多与当时社会有利害关系的政治势力受到了严重威胁，产生了普遍恐慌。

从国际环境上看，维新变法发生于 19 世纪 90 年代末，资本主义列强通过争夺殖民地已经基本上把世界瓜分完毕。中国成了列强在东方争夺的目标，资本主义列强绝不愿意中国成为一个独立强大的国家。

（三）从革命派的辛亥革命来看"深刻总结"

以孙中山先生为代表的革命党人发动了震惊世界的辛亥革命。辛亥革命推翻了清王朝统治，结束了统治中国几千年的君主专制制度。它极大地推动了中华民族的思想解放，但却没有改变中国半殖民地半封建的社会性质，广大人民没有获得民主的权利，国家也没有真正获得独立。辛亥革命失败的原因是：

第一，辛亥革命的领导阶级是资产阶级革命派，而民族资产阶级有两面性的特点，既有反帝反封建的革命性，又有与之妥协的软弱性。

第二，中国的封建势力根深蒂固，中国民族资产阶级竟然想以一己之力来推翻它，而不依靠和发动广大人民群众，这就注定了其失败。

第三，19 世纪末 20 世纪初正是帝国主义疯狂侵略和扩张的年代，帝国主义当然不愿意看到中国的强大，他们肯定会千方百计地阻挠。这也是辛亥革命没有成功的原因。

（四）从无产阶级的新民主主义革命来看“深刻总结”

新民主主义革命是指在帝国主义和无产阶级革命时代，殖民地半殖民地国家中的无产阶级领导的资产阶级民主革命。新民主主义革命是无产阶级领导的、人民大众的，反对帝国主义、封建主义、官僚资本主义的革命。1949 年中华人民共和国的成立标志着我国新民主主义革命的伟大胜利。

中国新民主主义革命的胜利，结束了帝国主义、封建主义和官僚资本主义在中国的统治，建立了人民民主专政的新中国。中国人民为了自由、民主、独立奋斗了一个多世纪，最终在中国共产党的领导下，取得了新民主主义革命的伟大胜利。由此来看，没有共产党就没有新中国，就没有新民主主义革命的胜利。

中国新民主主义革命的胜利，对世界历史的发展产生了巨大的影响。中国革命的胜利是十月革命胜利后，国际共产主义运动史上最重大的事件。它冲破了帝国主义的东方战线，大大增强了世界反帝国主义反殖民主义的力量。中国革命的胜利大大激励了与中国相类似的遭到帝国主义、殖民主义剥削压迫的国家和人民，增强了他们革命斗争的信心和决心，壮大了社会主义的阵营。

中国革命的胜利，是马克思列宁主义、毛泽东思想的胜利。在新民主主义革命的进程中，在以马克思列宁主义普遍真理和中国革命的具体实践相结合的毛泽东思想的正确指引下，中国人民才顺利地推翻了"三座大山"。由于中国新民主主义革命的胜利，中国共产党被公认为全国各族人民的领导核心，毛泽东被公认为中国共产党和全国各族人民的伟大领袖，毛泽东思想被确立为中国共产党的指导思想，毛泽东创立的马克思主义中国化也成为中国共产党人普遍的思维方式。

四、从对中华民族 5000 多年悠久文明的传承中走出来

中国道路是在对中华民族 5000 多年悠久文明的传承中走出来的。这里一方面强调中国道路深深扎根于中华大地，中华民族优秀传统文化为这条道路提供了深厚的文化滋养。正如习近平总书记所说："博大精深的中华优秀传统文化是我们在世界文化激荡中站稳脚跟的根基。中华文化源远流长，积淀着中华民族最深层的精神追求，代表着中华民族独特的精神标识，为中华民族生生不息、发展壮大提供了丰厚滋养。"[1] 另一方面中国选择走中国特色社会主义道路，独立自主、奋发有为、改革创新，成为世界第二大经济体，正在日益走向现代化的中国呈现出新的

〔1〕习近平：《培育和弘扬社会主义核心价值观》，《习近平谈治国理政》第一卷，外文出版社 2018 年版，第 164 页。

格局和新的气象，这也为 5000 多年中华文明在世界文明体系中的伟大复兴提供了现实可能性。

（一）从 5000 多年悠久文明对中国道路的滋养来理解“传承”

中华文明源远流长，中华文明值得每一个中国人为之骄傲、为之自豪。正如习近平总书记所说：“几千年前，中华民族的先民们就秉持‘周虽旧邦，其命维新’的精神，开启了缔造中华文明的伟大实践。自古以来，中国大地上发生了无数变法变革图强运动，留下了‘治世不一道，便国不法古’等豪迈宣言。自古以来，中华民族就以‘天下大同’、‘协和万邦’的宽广胸怀，自信而又大度地开展同域外民族交往和文化交流，曾经谱写了万里驼铃万里波的浩浩丝路长歌，也曾经创造了万国衣冠会长安的盛唐气象。……使中华文明成为人类历史上唯一一个绵延 5000 多年至今未曾中断的灿烂文明。”[1] 目前，大家公认的世界文明的发源地有四个，古埃及、古巴比伦、古印度和古中国。这些文明在几千年历史的发展长河中都创造出了优秀灿烂的文化。但是后来由于各种各样的原因，其他文明都中断了，唯独中华文明没有中断。很长一段时期以来，中华文明一直是世界文明的先驱，对世界文明和进步做出了重大贡献。基于中华文明基因中的自信心和自豪感是开辟中国道路之“源”，是开辟中国道路之“根”，没有“源”和“根”的中国道路就好比无源之水、无根之树。

到底是中华文明中的什么东西滋养着中国道路呢？是其独特的精神

〔1〕习近平：《在庆祝改革开放 40 周年大会上的讲话》，《人民日报》2018 年 12 月 19 日。

追求。中华文化博大精深，其中包含着中华民族最深层次的精神追求，包含着中华民族最根本的精神基因，这些为中国道路的不断发展提供着内在支撑。中华文明一直强调"民惟邦本""天人合一""和而不同"，强调"天行健，君子以自强不息""大道之行也，天下为公"；强调"天下兴亡，匹夫有责"，主张"以德治国""以文化人"；强调"君子喻于义""君子坦荡荡""君子义以为质"；强调"言必行，行必果""人而无信，不知其可也"；强调"德不孤，必有邻""仁者爱人""与人为善""己所不欲，勿施于人""出入相友，守望相助""老吾老，以及人之老；幼吾幼，以及人之幼""扶贫济困""不患寡而患不均"，等等。以其中的"民惟邦本"为例来看，它蕴含着处理国家、君主和人民关系的基本原则，这个原则就是"民为贵，社稷次之，君为轻"。在推进中国道路的过程中，中国共产党人在充分把握其精神实质的基础上，将这一原则进行了创造性的转化和运用，形成了坚持人民当家作主、坚持以人民群众为中心的发展战略。我们党要想长期执政，要想科学执政，就必须始终坚持以人民为中心。总之，这些具有鲜明民族特色的价值理念构成了中国人独特的精神世界，作为一种日用而不觉的价值体系，从每一个人的内心深处滋养着我们形成和发展中国道路。

（二）从中国道路助力中华文明在世界文明体系中的复兴来理解"传承"

2015 年 9 月习近平主席在美国纽约联合国总部举行的第七十届联合国大会一般性辩论时的讲话中指出："不同文明凝聚着不同民族的智慧和贡献，没有高低之别，更无优劣之分。文明之间要对话，不要排斥；

要交流，不要取代。人类历史就是一幅不同文明相互交流、互鉴、融合的宏伟画卷。我们要尊重各种文明，平等相待，互学互鉴，兼收并蓄，推动人类文明实现创造性发展。”[1]西方国家在走向现代化的过程中，借助资产阶级革命、工业革命率先迈入了现代化的门槛。在这种形势下，很多西方人认为走向现代化的道路只有一条，即西方的模式，其他国家要想进入现代化也必须照搬西方的模式。然而“华盛顿共识”的失败、“拉美陷阱”的出现反复证明，作为人类社会发展的一个目标，现代化具有共同性，但各国人民走向现代化的实践又是各自独立的、具体的。

中国道路的成功证明了世界上没有放之四海而皆准的发展模式，各种文明之间没有高下之别、优劣之分，任何国家的发展道路都必须立足本国的地域、民族、经济等各方面的特点，制定与本国国情相符合的发展道路。如果不顾本国的具体实际，盲目照搬其他国家的发展道路，不仅不能发展，可能还会陷入发展困境。中国道路所展现的独特魅力就给那些既想加快发展又想保持自身独立性的国家和民族提供了新的选择，为人类社会更好的发展提供了中国方案。

中国道路使社会主义焕发出了青春和活力，显示了社会主义的生命力和影响力。世界社会主义发展的历程大概可以分为六个阶段：第一个阶段是空想社会主义的产生和发展；第二个阶段是马克思、恩格斯创立科学社会主义理论体系；第三个阶段是列宁领导十月革命取得胜利并实践社会主义；第四个阶段是苏联模式逐步形成；第五个阶段是新中国成立后我们党对社会主义的探索和实践；第六个阶段是我们党作出进行

〔1〕习近平：《携手构建合作共赢新伙伴，同心打造人类命运共同体》，《习近平谈治国理政》第二卷，外文出版社 2017 年版，第 524—525 页。

改革开放的历史性决策、开创和发展中国特色社会主义。曾经在某些西方人的眼中，社会主义已经被证明失败了，人类历史必将终结于资本主义。当前，许多人在谈到中国发展道路时，经常有意无意地淡化"社会主义色彩"，他们不承认"社会主义"，不愿意把中国道路取得的成绩归因于中国特色社会主义，因为这样做实际上相当于否定了不少西方人一直以来强调的资本主义的价值观。中国道路的成功意味着经过半个世纪的探索，中国共产党对社会主义建设的认识已经比较系统，全世界范围内社会主义发展史上的难题也逐渐有了一些答案，这既是社会主义发展史的大事件，也是 5000 多年中华文明在世界文明体系中开始复兴的强劲先兆。

第四章

最大优势：中国共产党领导

必须坚持党对一切工作的领导，不断加强和改善党的领导。改革开放40年的实践启示我们：中国共产党领导是中国特色社会主义最本质的特征，是中国特色社会主义制度的最大优势。

——习近平在庆祝改革开放40周年大会上的讲话（2018年12月18日）

2014年9月5日，在庆祝全国人民代表大会成立60周年大会上的讲话中，习近平总书记提出了一个新论断："中国共产党的领导是中国特色社会主义最本质的特征。"[1] 2016年7月1日，他在庆祝中国共产党成立95周年大会上的讲话中再一次指出："中国特色社会主义最本质的特征是中国共产党领导，中国特色社会主义制度的最大优势是中国共产党领导。坚持和完善党的领导，是党和国家的根本所在、命脉所在，是全国各族人民的利益所在、幸福所在。"[2] 在党的十九大报告中，他又一次强调："中国特色社会主义最本质的特征是中国共产党领导，中国特色社会主义制度的最大优势是中国共产党领导，党是最高政治领导力量。"这些论断不仅把党的领导与中国特色社会主义联系起来，而且上升到制度层面，与中国特色社会主义制度联系起来。这实际上也指出了中国道路的最本质特征和最大优势是中国共产党领导，这是对中国道路认识上的新概括、新总结。

---

〔1〕习近平:《在庆祝全国人民代表大会成立60周年大会上的讲话》,《人民日报》2014年9月6日。
〔2〕习近平:《在庆祝中国共产党成立95周年大会上的讲话》,《人民日报》2016年7月2日。

一、从理论上看，这是中国化的马克思主义发展的逻辑必然

（一）坚持共产党领导是科学社会主义的基本原则

马克思、恩格斯特别强调无产阶级政党的领导作用。他们认为，无产阶级进行社会主义革命，必须有无产阶级政党的领导，这是革命事业发展的需要。无产阶级在反对有产阶级的斗争中，只有组织成为政党，才能作为一个阶级来行动，才能完成自己的历史使命。为此，马克思、恩格斯为建立无产阶级政党付出了巨大的努力。1845 年，在布鲁塞尔成立了共产主义小组；1846 年在共产主义小组的基础上建立共产主义通讯委员会；1847 年把正义者同盟改组为共产主义者同盟；1852 年，同盟解散后，他们又为建立新的无产阶级政党作思想上、组织上的准备；1864 年，第一国际诞生了，马克思、恩格斯同国际内部的各种错误思想进行了坚决斗争。在他们的帮助下，德国工人建立了社会民主党，这是第一个单独在一个国家建立的无产阶级政党；1889 年 7 月 14 日，在恩格斯倡议下第二国际成立了，在领导各国工人运动中发挥了重要作用。恩格斯指出："无产阶级要在决定关头强大到足以取得胜利，就必须（马克思和我从 1847 年以来就坚持这种立场）组成一个不同于其他所有政党并与它们对立的特殊政党，一个自觉的阶级政党。"[1]

列宁也非常重视无产阶级政党的领导。1917 年十月革命之后，俄国

---

〔1〕恩格斯：《致格尔松·特里尔》，《马克思恩格斯选集》第四卷，人民出版社 2012 年版，第 592 页。

共产党成为世界上第一个工人阶级执政党。革命胜利后，在要不要坚持党的领导问题上，社会上和党内都有人持反对意见。列宁指出，必须坚持工人阶级政党对国家生活的领导，这是一个不可动摇的原则。“在我国，国家政权的一切政治经济工作都由工人阶级觉悟的先锋队共产党领导。”[1]为什么必须坚持共产党的领导呢？列宁指出，只有坚持共产党的领导，坚持无产阶级专政才能顺利地、有效地完成经济的、政治的、思想文化方面的斗争，才能完成自己担负的历史任务。在他看来，共产党在取得政权之后，首要的任务就是进行经济建设。他说，从事国家的经济建设，收获更多的粮食，开采更多的煤炭，解决更恰当地利用这些粮食和煤炭的问题，消除饥荒，是更重要的任务。而这些离开党的领导是行不通的，他强调：“没有铁一般的在斗争中锻炼出来的党，没有为本阶级一切正直的人们所信赖的党，没有善于考察群众情绪和影响群众情绪的党，要顺利地进行这种斗争是不可能的。”[2]

（二）改革开放后，中国化的马克思主义从不同方面强调党的领导

改革开放后，邓小平理论通过回答“什么是社会主义、怎样建设社会主义”开创了中国道路。邓小平理论中有大量的关于坚持党的领导的重要论述。例如，坚持党的领导是四项基本原则的核心。党的十一届三中全会前后，社会上出现了怀疑和否定共产党领导的思潮，对此，邓小

〔1〕列宁：《关于工会在新经济政策条件下的作用和任务的提纲草案》，《列宁选集》第四卷，人民出版社2012年版，第624页。
〔2〕列宁：《共产主义运动中的“左派”幼稚病》，《列宁选集》第四卷，人民出版社2012年版，第154—155页。

平指出要在中国实现四个现代化，必须坚持四项基本原则。坚持共产党的领导，是四项基本原则中的一项。1981 年 7 月，他进一步说："坚持四项基本原则的核心，是坚持共产党的领导。"[1]后来，针对有人要在中国实行西方多党制的主张，他说，"共产党的领导就是我们的优越性"[2]，"如果没有共产党的领导，不搞社会主义，不搞改革开放，就呜呼哀哉了，哪里能有现在的中国？"[3]除此之外，邓小平还强调社会主义现代化事业必须由共产党来领导。在他看来，在中国这样一个大国，要把十几亿人的思想和力量统一起来建设中国特色社会主义，没有一个能够真正代表和团结人民群众的党是不可想象的。他说："没有党的领导，就没有一条正确的政治路线；没有党的领导，就没有安定团结的政治局面；没有党的领导，艰苦创业的精神就提倡不起来；没有党的领导，真正又红又专、特别是有专业知识和专业能力的队伍也建立不起来。这样，社会主义四个现代化建设、祖国的统一、反霸权主义的斗争，也就没有一个力量能够领导进行。这是谁也无法否认的客观事实。"[4]

"三个代表"重要思想特别强调党的领导，它从本质上回答了在执政条件下如何保持党的先进性的问题。为什么要从先进性的角度来强调党的领导呢？为什么这一问题能够凸显出来，并成为以江泽民同志为主要代表的中国共产党人关注的核心呢？这与我们党在当时面临的一系列

〔1〕邓小平：《关于思想战线上的问题的谈话》，《邓小平文选》第二卷，人民出版社 1994 年版，第 391 页。
〔2〕邓小平：《我们干的事业是全新的事业》，《邓小平文选》第三卷，人民出版社 1993 年版，第 256 页。
〔3〕邓小平：《我们有信心把中国的事情做得更好》，《邓小平文选》第三卷，人民出版社 1993 年版，第 326 页。
〔4〕邓小平：《目前的形势和任务》，《邓小平文选》第二卷，人民出版社 1994 年版，第 266 页。

的挑战和风险密切相关。对此，可以从下面几个方面去理解，一是随着经济全球化和世界多极化格局的变化，各国政党都面临着新的调整和思考，特别是布莱尔“第三条道路”的提出在各国政党中产生巨大反响，中国共产党也不例外，需要作出有针对性的回应。二是世界社会主义运动发生了重大曲折，为什么苏联共产党在20世纪前半叶能够取得震惊世界的胜利，后来却发生了严重挫折？为什么中国特色社会主义道路能够蓬勃发展？这些方面有许多经验需要认真总结。三是当时党的干部队伍正处在新老交替的重要时期，如何能够让新成长起来的干部坚定党的信仰，这是需要考虑的重大课题。因此，我们党开始考虑如何能够保持一个政党的先进性问题，并将其作为理论创新的重点进行安排部署。

科学发展观针对我国世情、国情、党情的深刻变化，对党的领导也做出了一系列重大创新。例如，它特别强调党的执政能力建设。党的十六届四中全会通过了《中共中央关于加强党的执政能力建设的决定》，明确提出新形势下加强党的执政能力建设的指导思想、总体目标、主要任务，对加强党的执政能力建设作出了全面部署。此后，围绕这一问题又提出了“提高党的建设科学化水平”的重大命题和重大任务，确立了思想建设、组织建设、作风建设、制度建设和反腐倡廉建设“五位一体”的党的建设总体布局。表现在思想建设上，就是要坚持解放思想、实事求是、与时俱进，大力推进马克思主义中国化、时代化、大众化；表现在制度建设上，就是要强调“制度建设既是党的建设的重要组成部分，又是党的建设的重要保证。要增强党内生活和党的建设制度的严密性和科学性，既要有实体性制度又要有程序性制度，既要明确规定应该怎么办又要明确违反规定该怎么处理，减少制度执行的自由裁量空间，推进党的建设科学化、制度化、规范化”[1]。它还强调要以改革和完善党的领导体制和工作机制为加强党的执政能力建设的重点，要注重制度建设的科学性、实效性、系统性，要重视制度贯彻的执行力，维护制度的权威性，等等。

习近平新时代中国特色社会主义思想也非常强调党的领导。习近平总书记在党的十九大报告中指出：“坚持党对一切工作的领导。党政军民学，东西南北中，党是领导一切的。必须增强政治意识、大局意识、核心意识、看齐意识，自觉维护党中央权威和集中统一领导，自觉在思想上政治上行动上同党中央保持高度一致，完善坚持党的领导的体制机制，坚持稳中求进工作总基调，统筹推进‘五位一体’总体布局，协调推进‘四个全面’战略布局，提高党把方向、谋大局、定政策、促改革的能力和定力，确保党始终总揽全局、协调各方。”

二、从实践上看，中国共产党领导是中国道路形成和发展的根本保证

一方面，从理论上看，中国共产党领导作为中国道路的最大优势有其内在必然性；另一方面，从实践上看，正是因为有了中国共产党领导，我们在推进和发展中国道路的过程中，才能取得一系列巨大成就，才能让其他国家由衷赞叹中国所发生的翻天覆地的变化，才能靠我们实实在在的行动赢得国际社会的广泛赞誉。

---

〔1〕胡锦涛：《关于提高党的建设科学化水平和建设马克思主义学习型政党》，《胡锦涛文选》第三卷，人民出版社2016年版，第253页。

（一）40多年经济社会发展成就证明中国共产党领导是最大优势

第一，经济持续快速增长。1978年我国国内生产总值只有3679亿元，2018年首次跃上900000亿元的新台阶，达到了900309亿元，仅次于美国。我国人均国内生产总值不断提高，1978年人均国内生产总值为381元，是典型的低收入国家，为同期印度人均国内生产总值的2/3；2018年，我国人均国内生产总值达到64644元。财政实力显著增强，1978年一般公共预算收入为1132亿元，到2018年达到183352亿元。外汇储备大幅增长，1978年外汇储备仅为1.67亿美元，2018年年末外汇储备达到30727亿美元，稳居世界第一位。城镇化稳步推进，2017年年末常住人口城镇化率为58.52%，户籍人口城镇化率达到42.35%；2018年常住人口城镇化率为59.58%，户籍人口城镇化率为43.37%，分别比2017年提高1.06个和1.02个百分点，与1978年相比也有大幅度提高。

第二，居民收入消费和社会保障发展迅速。2018年全年全国人均可支配收入为28228元，扣除价格因素，实际增长6.5%。城镇居民人均可支配收入为39251元，农村居民人均可支配收入为14617元，全国农民工人均月收入为3721元。全年全国居民人均消费支出为19853元，城镇居民人均消费支出为26112元，农民居民人均消费支出为12124元。全国参加城镇职工基本养老保险人数为41848万人，参加城乡居民基本养老保险人数为52392万人；参加基本医疗保险人数为134452万人；参加失业保险人数为19643万人；参加工伤保险人数为23868万人，等等。全国共有各类提供住宿的社会服务机构3.3万个，其中养老服务机构3.0万个，儿童服务机构664个，社会服务床位782.4万张。社区服务中心 2.7 万个，社区服务站 14.5 万个。

第三，从一个具体数据——汽车保有量来看，我国也有很大提高。2018 年年末全国民用汽车保有量 24028 万辆（包括三轮汽车和低速货车 906 万辆），其中私人汽车保有量 20730 万辆。民用轿车保有量 13451 万辆，其中私人轿车 12589 万辆。

当然，我们还可以列举出改革开放 40 多年发展变化中的多个方面的数据，例如农业、工业和建筑业、服务业、国内贸易、固定资产投资、对外经济、财政金融、科学技术和教育，等等，在此不一一赘述。让我们换一个角度，看看近些年来，特别是党的十八大以来的变化。党的十八大以来，我国经济方面取得重大成就，全面深化改革取得重大突破，民主法治建设迈出重大步伐，思想文化建设取得重大进展，人民生活不断改善，生态文明建设成效显著，强军兴军开创新局面，港澳台工作取得新进展，全方位外交格局深入开展，全面从严治党成效卓著。例如，经济建设中的创新发展方面，创新驱动发展战略大力实施，创新型国家建设成果丰硕，天宫、蛟龙、天眼、悟空、墨子、大飞机等重大科技成果相继问世。人民生活改善方面，脱贫攻坚战取得决定性进展，6000 多万贫困人口稳定脱贫，贫困发生率从 10.2% 下降到 4% 以下。就业状况持续改善，城镇新增就业年均 1300 万人以上。覆盖城乡居民的社会保障体系基本建立，人民健康和医疗卫生水平大幅度提高，保障性住房建设稳步推进，等等。

正如党的十九大报告所概括总结的，“五年来的成就是全方位的、开创性的，五年来的变革是深层次的、根本性的。五年来，我们党以巨大的政治勇气和强烈的责任担当，提出一系列新理念新思想新战略，出台一系列重大方针政策，推出一系列重大举措，推进一系列重大工作，解决了许多长期想解决而没有解决的难题，办成了许多过去想办而没有办成的大事，推动党和国家事业发生历史性变革”。通过这样一个近距离的透视，我们就能够发现没有中国共产党的领导，不坚持中国共产党的领导，实践中这些变化就发生不了。这是实践告诉我们的一个最朴素的道理。

（二）苏联共产党失败的教训告诉我们走中国道路必须坚持党的领导

苏联共产党曾经有着辉煌的历史，他们建立了世界上第一个社会主义国家，曾一度作为社会阵营的头号强国与美国相抗衡，正是这样一个光荣的政党在执政 74 年后，在 1991 年苏联解体的时候垮台了。为什么会出现这种情况？原因有很多，其中非常重要的一点是自动放弃了党的领导。例如，在面临着国际国内的诸多问题时，政治上用西方式的民主思想改造苏联共产党，实行人道的、民主的社会主义，使广大党员的理想信念发生动摇；组织上实行差额选举，修改苏联宪法，对共产党的性质、宗旨、政权地位进行修改；行动上向反对派妥协退让，承认他们的合法地位，实行总统制，等等。苏联共产党失败的教训告诉我们，不管是进行什么改革，不管是走什么样的道路，都必须以坚持和加强党的领导为前提。

在走中国道路的过程中，我们也碰到过各种各样的矛盾。例如，社会上有干群矛盾、社会群体间矛盾、涉法涉诉矛盾、劳资纠纷矛盾、涉黑涉恶矛盾、敌对势力颠覆矛盾，等等。在党内也出现了各种各样的问题，一些党员、干部理想信念不坚定、对党不忠诚、纪律松弛、脱离群众、独断专行、弄虚作假、庸懒无为，个人主义、分散主义、自由主义、好人主义、宗派主义、山头主义、拜金主义不同程度存在，形式主义、官僚主义、享乐主义和奢靡之风问题突出，任人唯亲、跑官要官、买官卖官、拉票贿选现象屡禁不止，滥用权力、贪污受贿、腐化堕落、违法乱纪等现象滋生蔓延。特别是高级干部中极少数人政治野心膨胀、权欲熏心，搞阳奉阴违、结党营私、团团伙伙、拉帮结派、谋取权位等政治阴谋活动。这些问题严重侵蚀党的思想道德基础，严重破坏党的团结和集中统一，严重损害党内政治生态，严重影响党和人民事业发展。

针对这些情况，我们并没有像苏联共产党那样自动放弃党的领导，而是抓住了“办好中国的事情关键在党”“解决中国所有问题都离不开党的领导”这个关键。正如2016年习近平总书记在《关于〈关于新形势下党内政治生活的若干准则〉和〈中国共产党党内监督条例〉的说明》中所指出的：“也出现一些突出矛盾和问题，主要是一些地方和部门党的领导弱化、党的建设缺失、全面从严治党不力，一些党员、干部党的观念淡漠、组织涣散、纪律松弛，一些党组织和党员、干部不严格执行党章，漠视政治纪律、无视组织原则。一个时期以来党内发生的种种问题，与管党治党宽松软有密切关系。”[1]也就是说，作为一个执政党，我们并不允许这些丑恶现象放任自流，而是自觉肩负起管党治党的责任。以习近平同志为核心的党中央以巨大的政治勇气全面加强党的领导，从根本上扭转了局面，使党和国家的整个面貌发生了巨大的变化，赢得了全党和全国人民的爱戴。实践告诉我们，问题到来时不是要放弃党的领导，而是要坚持和加强党的领导。

---

〔1〕习近平：《关于〈关于新形势下党内政治生活的若干准则〉和〈中国共产党党内监督条例〉的说明》，《人民日报》2016年11月3日。

（三）坚持和加强党的领导是化解改革中出现的“中梗阻”现象的根本途径

改革开放是发展中国的关键一招。随着改革开放的不断深入，我国也暴露出了一系列的问题。在这些问题中，有一个非常突出的问题就是“中梗阻”。“梗阻”本来是一个医学名词，后来被引入管理学领域。这个词表达的是中间阻塞、中间阻挡的意思，特指党政机关中层干部在行使权力的过程中人为地设置障碍，导致政令不通、执行不力的现象。这一现象已经引起了党中央的高度重视，2015 年 2 月 27 日习近平总书记在中央全面深化改革领导小组第十次会议上的讲话中指出：“要科学统筹各项改革任务，协调抓好党的十八届三中、四中全会改革举措，在法治下推进改革、在改革中完善法治，突出重点，对准焦距，找准穴位，击中要害，推出一批能叫得响、立得住、群众认可的硬招实招，处理好改革‘最先一公里’和‘最后一公里’的关系，突破‘中梗阻’，防止不作为，把改革方案的含金量充分展示出来，让人民群众有更多获得感。”[1]

为什么会发生“中梗阻”？最基本的判断是当前的改革已经进入一个新阶段，这个新阶段最重要的特点就是攻坚克难。我们最大的困难就是要破除原有僵化思想观念和体制机制弊端，突破既得利益固化的藩篱。可以说，当前改革的困难性和复杂程度超过了以往的任何时期，好吃的肉都已经吃完了，剩下的都是难啃的硬骨头。在要动别人奶酪的时

〔1〕习近平：《让人民群众有更多获得感》，《习近平谈治国理政》第二卷，外文出版社 2017 年版，第 102 页。

候，有的人总是要维护个人或者部门利益，办事拖沓，没有积极性；也有的人空喊口号，以空对空，不落实、不担当，等等。如何破解这个问题，从根本上看要靠坚持和加强党的领导。因为只有坚持党的领导，只有加强党的领导，才能平衡各种不同利益诉求，才能踢开各种既得利益的阻挠。2017 年 2 月 13 日，习近平总书记在省部级主要领导干部学习贯彻党的十八届六中全会精神专题研讨班上指出："只有党中央有权威，才能把全党牢固凝聚起来，进而把全国各族人民紧密团结起来，形成万众一心、无坚不摧的磅礴力量。如果党中央没有权威，党的理论和路线方针政策可以随意不执行，大家各自为政、各行其是，想干什么就干什么，想不干什么就不干什么，党就会变成一盘散沙，就会成为自行其是的'私人俱乐部'，党的领导就会成为一句空话。"[1]

三、在对党中央权威与集中统一领导的持续维护中推进中国道路

理论和实践表明，党的领导是中国道路的最大优势。党政军民学，东西南北中，党是领导一切的。党的领导是历史的必然、人民的选择。未来，我们的目标已经非常明确，那就是要继续沿着中国道路前进，在带领全国人民实现第一个百年奋斗目标的基础上，继续向着第二个百年奋斗目标，向着中华民族伟大复兴的中国梦奋勇前进，这就要求我们始终维护党中央权威和集中统一领导。

〔1〕习近平：《中国共产党的领导是中国特色社会主义最本质的特征》，《习近平谈治国理政》第二卷，外文出版社 2017 年版，第 21 页。

（一）“亨廷顿悖论”告诉我们必须坚持和完善党的领导

现代化和政治发展的有关研究表明，各种类型国家现代化的发展过程都不是一帆风顺的。这一过程往往伴随着各种各样的经济、政治危机。20 世纪 60 年代，亨廷顿在他的《变革社会中的政治秩序》一书中就详细地阐释了这个观点，即“现代化是近代以来世界发展的潮流和趋势，是一个世界性的历史进程”，但是“现代性孕育着稳定，而现代化过程却滋生着动乱”。这个观点被人称为“亨廷顿悖论”。这一观点有着大量的经验论据，广大发展中国家就是如此，只不过这里动乱的表现形式是不同的。例如，泰国、菲律宾等国家表现为军事政变，菲律宾自从 1986 年到 2006 年就发生过较大规模的军事政变 12 次，泰国从 1932 年到 1991 年共发生政变 19 次，组建了 48 届内阁；有的国家表现为社会动乱频发，暴力冲突严重，难民严重外流；还有的表现为各种恐怖主义势力，例如“伊斯兰国”恐怖势力、菲律宾的阿布沙耶夫武装等。

正如亨廷顿所说，对致力于现代化的国家，一个强大的政党能够以一种制度化的公共利益来取代四分五裂的个人利益；能够为超越狭隘地方观念的效忠和认同奠定基础，成为维系各种各样社会力量的纽带。为什么我国改革开放以来在快速发展的同时没有出现政局不稳、社会动荡的现象？根源就在于我们有坚强有力的、受人民拥戴的中国共产党。中国共产党拥有自身的优势，社会基础牢固、党员规模庞大、精英化程度高、组织纪律严密、思想政治高度统一、社会动员能力超强，等等。在未来，我们也必须坚持和完善党的领导，而不能脱离党的领导。

（二）“四个伟大”要求我们坚决维护党中央权威和集中统一领导

党的十九大报告提出了新时代中国共产党的历史使命，即不断地推进“四个伟大”。实现中华民族伟大复兴的中国梦，必须进行具有许多新的历史特点的伟大斗争，必须深入推进党的建设新的伟大工程，必须推进中国特色社会主义伟大事业。伟大斗争，伟大工程，伟大事业，伟大梦想，紧密联系、相互贯通、相互作用，不管是其中的哪一个，离开了党中央权威和集中统一领导都是无法实现的。

就伟大斗争来看，要维护人民利益，反对损害人民利益、脱离群众的行为；要投身改革，坚决破除一切顽瘴痼疾；要坚决反对一切分裂祖国、破坏民族团结和社会和谐的行为，没有党中央权威和集中统一领导也无法实现。就伟大工程来看，尽管党的十八大以来党中央已经对人民群众反应激烈的“四风”问题、腐败问题进行了严肃查处，尽管已经坚持了“苍蝇”“老虎”一起打，但是要想刮骨疗毒，清除一切腐蚀党的健康肌体的病毒，不断增强党的政治领导力、思想引领力、群众组织力、社会号召力，离开了党中央权威和集中统一领导也实现不了。就伟大事业来看，尽管我们党一直强调要增强道路自信、理论自信、制度自信、文化自信，一直强调要既不走封闭僵化的老路，也不走改旗易帜的邪路，但是要想解决一系列深层次的矛盾和问题，要想解决发展不平衡、不协调、不可持续的问题，要想解决核心科技上创新能力不强和水平不高的问题，要想破解思想观念和利益固化的束缚和藩篱，没有党中央权威和集中统一领导同样也无法实现。就伟大梦想来看，“行百里半九十”，中华民族伟大复兴绝不是轻轻松松、敲锣打鼓就能实现的。在实现伟大梦想的过程中，还有许多“雪山”“草地”需要跨越，还有许多“娄山关”“腊子口”需要征服，这些没有党中央权威和集中统一领导根本无法实现。

（三）增强“四个意识”，与党中央保持高度一致

作为一名党员干部，对党忠诚，政治上站得稳、靠得住就必须牢固树立“四个意识”，即牢固树立政治意识、大局意识、核心意识和看齐意识。“四个意识”是讲政治的具体表现和必然要求。

1. 必须牢固树立政治意识

党员干部一定要坚持正确的政治方向，始终与党中央保持高度一致，做政治上的明白人。表现在党的政治属性上，就是要坚持中国共产党既是工人阶级的先锋队，又是中国人民和中华民族的先锋队；表现在政治立场上，就是始终坚持全心全意为人民服务的根本宗旨；表现在政治理想上，就是始终坚持共产主义的远大理想和中国特色社会主义的共同理想；表现在政治地位上，就是始终坚持中国共产党是中国特色社会主义的领导核心；表现在政治纪律上，就是要始终做到对党忠诚，言行一致，表里如一，政治品质优秀，道德情操高尚。

在我国当前的政治生活中，还存在着一些没有牢固树立政治意识的突出现象。必须旗帜鲜明地反对这些现象，与这些现象作斗争，在解决这些突出问题的过程中磨炼和锻造我们的政治意识。

2. 必须牢固树立大局意识

党员干部要自觉从大局出发看问题，把工作放到大局中去思考、去定位、去摆布。“不谋全局者，不足谋一域。”大局意识非常重要。改革开放之后，邓小平曾以沿海和内地的关系来说明树立大局意识的重要性。他说，沿海地区要加快对外开放，使这个拥有两亿人口的广大地带较快地发展起来，内地要顾全这个大局；等发展到一定程度的时候，沿海要拿出力量来帮助内地发展，沿海也要服从这个大局。今天与改革开放之初相比，我们党和国家面临的情况发生了巨大变化，我们正在日益走近世界舞台中央，中华民族比历史上任何时期都更接近实现中华民族伟大复兴的目标。同时，我们各方面的改革也进入了深水区，经济发展进入了新常态，各种矛盾叠加在一起，各种风险集聚在一起。在这种情况下，我们的广大党员干部更要树立一种大局意识。

如何才能牢固地树立大局意识呢？一方面，要搞清楚什么是大局。从国内来看，就是在党中央的统一领导下，在新的历史起点上坚持和发展中国特色社会主义，统筹推进“五位一体”总体布局，协调推进“四个全面”战略布局，贯彻落实“五大发展理念”，实现“两个一百年”奋斗目标，实现中华民族伟大复兴。从国际来看，就是维护国家主权、安全，维护世界和平，促进共同发展。另一方面，要自觉服从大局，维护大局。服从大局、维护大局最根本的是协调和处理好各种复杂的利益关系。在做任何事情的时候，不能只考虑自己，不能只看到所在地方、所在部门、所分管领域的工作，而不注意党中央重大决策部署的衔接和落实，不能因为这些决策部署没有体现自己的地方利益、部门利益就敷衍塞责，就推诿扯皮，就不尽心尽力去贯彻落实。

3. 必须牢固树立核心意识

党员干部要坚决维护习近平总书记党中央的核心、全党的核心地位，坚决维护党中央权威和集中统一领导。党的十八大以来，以习近平同志为核心的党中央，充分发挥总揽全局、协调各方的作用，提出了“五位一体”总体布局和“四个全面”战略布局；把人民利益放在首位，扎实推进全面建成小康社会；不断深化全面改革，在重要领域和关键环节都取得了突破性进展。习近平总书记带领全党全军全国人民做了许多开创性的工作，做了许多过去想做却做不了的事情，得到了全体人民的衷心拥护和国际社会的普遍赞誉。党的十八届六中全会明确了习近平总书记在全党的领导核心地位，正式提出了“以习近平同志为核心的党中央”。必须看到，习近平总书记的领导核心地位是在实践中自然形成的，是形势所需，是人心所盼。对于党员干部来说，政治上站得稳、靠得住，就要与以习近平同志为核心的党中央保持高度一致。在这一点上，我们不能搞变通，不能打折扣，要做到思想上清醒，行动上自觉。

4. 必须牢固树立看齐意识

党员干部要向党中央看齐、向党的领袖看齐、向党的路线方针政策看齐，始终做到思想上政治上行动上与党中央保持高度一致。看齐意识，是我们党的重大政治原则，是我们党的优势所在。在革命时期，毛泽东同志就曾论述过看齐意识的重要性。他说：“要知道，一个队伍经常是不大整齐的，所以就要常常喊看齐，向左看齐，向右看齐，向中看齐。我们要向中央基准看齐，向大会基准看齐。看齐是原则，有偏差是实际生活，有了偏差，就喊看齐。”[1]党的十八大以来，习近平总书记多次论述过看齐意识。他明确指出，看齐意识的实质就是在思想上政治上行动上与党中央保持高度一致。2015 年 12 月 11 日习近平总书记在全国党校工作会议上指出：“我们党是高度集中统一的马克思主义政党，思想上的统一、政治上的团结、行动上的一致是党的事业不断发展壮大的根本所在。党校是教育培训干部的地方，必须自觉在思想上政治上行动上同党中央保持高度一致，而且要做得更好。”[2]

在思想上政治上行动上与党中央保持高度一致，不能停留在口头上，而是要牢记在心中，落实到实际工作的各个方面、各个领域；不能以局部利益和个人利益来决定取舍，而是要做到表里如一，知行合一。具体地说，就是要做到以下四点：中央提倡的坚决响应，中央决定的坚决照办，中央禁止的坚决杜绝；绝不允许搞上有政策、下有对策；绝不允许有令不行、有禁不止；绝不允许在贯彻执行中央决策部署上打折扣、搞变通，阳奉阴违。

---

〔1〕毛泽东：《中国共产党第七次全国代表大会的工作方针》，《毛泽东文集》第三卷，人民出版社 1996 年版，第 297—298 页。

〔2〕习近平：《增强看齐意识》，《习近平谈治国理政》第二卷，外文出版社 2017 年版，第 157 页。

第五章 必由之路：改革开放永不停顿

全党全国各族人民要更加紧密地团结在党中央周围，高举中国特色社会主义伟大旗帜，不忘初心，牢记使命，将改革开放进行到底，不断实现人民对美好生活的向往，在新时代创造中华民族新的更大奇迹！创造让世界刮目相看的新的更大奇迹！

——习近平在庆祝改革开放 40 周年大会上的讲话（2018 年 12 月 18 日）

恩格斯曾指出："所谓'社会主义社会'不是一种一成不变的东西，而应当和任何其他社会制度一样，把它看成是经常变化和改革的社会。"[1]这段话指出了社会主义社会的一个重要特征，即社会主义是在实践中不断生成的。对于中国而言，这个在实践中不断生成的过程就是持续改革开放的过程。正如习近平总书记所说："改革开放是决定当代中国命运的关键一招，也是决定实现'两个一百年'奋斗目标、实现中华民族伟大复兴的关键一招。"[2]无论过去还是将来，改革开放都是中国道路不断发展和取得胜利的必由之路。

一、改革开放与中国道路的三个关键时刻

中国道路的发展过程有三个关键时刻，这三个关键时刻与改革开放有密切的关系。可以说，如果不是改革开放，我们可能就没有中国道路的不断深入推进。这三个时刻分别是 1980 年左右、1991 年左右和 2012 年左右。

---

〔1〕恩格斯：《致奥托·冯·伯尼克》，《马克思恩格斯选集》第四卷，人民出版社 2012 年版，第 601 页。

〔2〕习近平：《关于〈中共中央关于全面深化改革若干重大问题的决定〉的说明》，《人民日报》2013 年 11 月 16 日。

（一）1980 年左右

1978 年 12 月，党的十一届三中全会通过的《关于加快农业发展若干问题的决议（草案）》虽然放宽了农业政策，但是仍然明文规定“不许包产到户”。实际上，1978 年 12 月的一天夜里，安徽省凤阳县梨园公社小岗村生产队率先实行了“包产到组、包产到户”。1979 年，小岗生产队大丰收，粮食产量达到 12 万多斤，这个“吃粮靠返销，花钱靠救济，生产靠贷款”的生产队第一次向国家交了公粮，还了贷款。

如何处理中央要求和现实中涌现出来的新事物之间的矛盾呢？一个途径是回到“三级所有、队为基础”的老政策中；另一个途径是根据新的情况继续不断地改革开放，从当时具体实际和人民群众的意愿出发。到底应该如何选择？这是关系中国道路发展的一个关键时刻。在这个关键时刻，我们党的回答是不退缩，继续改革开放。邓小平 1980 年 5 月 31 日在同中央负责工作人员谈话中指出：“农村政策放宽以后，一些适宜搞包产到户的地方搞了包产到户，效果很好，变化很快。……有的同志担心，这样搞会不会影响集体经济。我看这种担心是不必要的。”[1]“总的来说，现在农村工作中的主要问题还是思想不够解放。除表现在集体化的组织形式这方面外，还有因地制宜发展生产的问题。所谓因地制宜，就是说那里适宜发展什么就发展什么，不适宜发展的就不要去硬搞。”[2]“从当地具体条件和群众意愿出发，这一点很重要。”[3]邓小平的这些讲话打破了僵化观念，推动了包产到户、包干到户，具有扭转乾

〔1〕邓小平：《关于农村政策问题》，《邓小平文选》第二卷，人民出版社 1994 年版，第 315 页。
〔2〕邓小平：《关于农村政策问题》，《邓小平文选》第二卷，人民出版社 1994 年版，第 316 页。
〔3〕邓小平：《关于农村政策问题》，《邓小平文选》第二卷，人民出版社 1994 年版，第 316 页。

坤的作用。

（二）1991 年左右

1989 年前后，世界社会主义运动发生了巨大变化。先是在波兰，后来扩展到民主德国、捷克斯洛伐克、匈牙利、保加利亚、罗马尼亚，最后是苏联，这些社会主义国家共产党和工人党在短时间内纷纷丧失政权，社会主义制度也发生了根本性变化。在这种情况下，有的人提出“改革开放要收一收了，要抓抓阶级斗争了”，还有人说“乡镇企业是不正之风的根源，经营机制是资本主义的”，还有人强调“中央要取消个体户了”，还有人指出“私营经济和个体经济，如果任其自由发展，就会冲击社会主义经济”，等等。这些分歧背后的逻辑是凡事都要问一问姓“社”与姓“资”。如果你要搞包产到户，他们就认为你姓“资”；如果你要搞乡镇企业，他们就认为你姓“资”；如果你要建立特区，他们就认为你姓“资”；如果你要搞“个体私营经济”，他们就认为你姓“资”；如果你要搞厂长负责制，他们就认为你姓“资”；如果多利用一点外资，他们就认为你姓“资”；如果你要搞市场经济，他们就认为你姓“资”，等等。

姓“社”与姓“资”背后的问题实质是要不要改革开放。因为，在党的十一届三中全会之后，我们党确定了改革开放的方针，一般来说，公开地站出来反对这一方针是很困难的。在这种情况下，很多人表面上不敢反对改革开放，但是他们在“怎样改”上做文章。用姓“社”、姓“资”的问题来混淆是非，动摇改革方向。如何回答这一问题，是不是要继续改革开放，对中国道路发展至关重要。

1991 年邓小平在上海进行视察，在同上海市负责同志谈话时说："改革开放还要讲，我们的党还要讲几十年。会有不同意见，但那也是出于好意，一是不习惯，二是怕，怕出问题。光我一个人说话还不够，我们党要说话，要说几十年。"[1]"说'三资'企业不是民族经济，害怕它的发展，这不好嘛。发展经济，不开放是很难搞起来的。世界各国的经济发展都要搞开放，西方国家在资金和技术上就是互相融合、交流的。"[2] 1991 年 8 月在同几位中央负责同志谈话时，他再一次指出："现在中国局势稳定，一个是由于处理一九八九年那场动乱时坚持社会主义，一点也不动摇；再一个是由于坚持改革开放。如果不坚持改革开放，不拿实际行动证明这一点，也是不行的。坚持改革开放是决定中国命运的一招。这方面道理也要讲够。"[3]"我们搞改革开放，把工作重心放在经济建设上，没有丢马克思，没有丢列宁，也没有丢毛泽东。老祖宗不能丢啊！问题是要把什么叫社会主义搞清楚，把怎么样建设和发展社会主义搞清楚。"[4]这一系列论述实际上就是在回答一个问题，即要坚定不移地继续推进改革开放，不要被一些表象和假象所迷惑。

（三）2012 年左右

经过 30 多年的发展，中国经济发展取得了很大的成绩，实现了三级跳，即从一个典型的低收入国家成长为低中等收入国家，再从低中等收入国家进入高中等收入国家。在 2010 年，中国成为世界第二大经济

---

〔1〕邓小平：《视察上海时的谈话》，《邓小平文选》第三卷，人民出版社 1993 年版，第 367 页。
〔2〕邓小平：《视察上海时的谈话》，《邓小平文选》第三卷，人民出版社 1993 年版，第 367 页。
〔3〕邓小平：《总结经验，使用人才》，《邓小平文选》第三卷，人民出版社 1993 年版，第 368 页。
〔4〕邓小平：《总结经验，使用人才》，《邓小平文选》第三卷，人民出版社 1993 年版，第 369 页。

体。在这种情况下，中国应该向何处去？是不是还需要继续搞改革开放？关于改革开放的争论再一次成了中国道路发展中的一个关键问题。

围绕着这个问题，大致有三种观点。第一种观点认为中国的改革还在半途，20世纪末初步建立起来的经济体制，是一种“半统制、半市场”的混合体制，在这种经济体制下，中国各方面的矛盾越来越尖锐。例如，资源短缺、环境破坏，等等。这些经济活动和人类生存的基本条件受到威胁；靠货币超发和信用膨胀来维持国内生产总值增长的方式越来越难以为继；腐败活动日益猖獗，已经侵入社会生活的方方面面；贫富分化严重，各种各样的社会矛盾日益堆积，社会面临着严重的风险。为什么会这样？按这种观点看，这一切都是因为改革还没有到位，还必须坚定不移地继续改革开放。

第二种观点认为，中国之所以能够创造出让全世界瞩目的成就，根本原因就是中国有一个强势政府和以国有经济对社会强力管控为特征的政治和经济制度。这种制度能够集中力量办大事，能够在全球金融危机的情况下保持经济的高速增长，能够创造出“奇迹”。在这种观点看来，中国当前出现的种种矛盾，并不是体制问题，而是贯彻得不够彻底。因此，按这种观点看，现在所要做的是继续保持这种优势，不再进行改革开放。

第三种观点是要回到改革开放之前的旧路线和旧体制中。有人认为目前中国遇到的各种问题，不管是腐败、贫富差距拉大，还是看病难、看病贵等，都是市场化的改革所造成的。因此，解决的办法就是进一步扩张政府的权力，实行“国进民退”；农业再实行“集体化”，甚至是再用“无产阶级专政条件下继续革命”的方式来解决各种社会分歧和矛盾。

这三种观点争论的实质依然是要不要继续推进改革开放。在21世纪的第一个10年，这个问题就横亘在全体中国人面前。如何回答这个问题？是继续坚持改革开放，还是保持现在这样的状态，或是回到改革开放之前，这无疑是中国道路发展中的一个关键时刻。对此，我们党已经做出了选择，那就是“必须坚持推进改革开放”“改革开放是坚持和发展中国特色社会主义的必由之路”。

二、改革开放为中国道路提供了生机和动力

坚持改革开放是中国共产党在社会主义初级阶段基本路线中的两个基本点之一。改革开放由两个部分组成。一个部分是改革，即对内改革，就是在坚持社会主义制度的前提下，自觉地调整生产关系与生产力、上层建筑与经济基础之间不相适应的方面，促进生产力的发展和各项事业的全面进步。另一个部分是开放，即对外开放，就是指国家不再闭关自守，而是放开和取消各种限制，积极主动地扩大与世界上其他一些国家和地区的对外经济交往，参与国际竞争，促进国民经济健康快速发展。

（一）对内改革

为什么说对内改革重要？我们可以对改革中的一系列大事作一个简单梳理，从中体会一下改革如何影响了整个中国道路。

1982年1月1日，中共中央批转《全国农村工作会议纪要》，指出目前实行的各种责任制，包括小段包工定额计酬，专业承包联产计酬，

联产到劳，包产到户、到组，包干到户、到组，等等，都是社会主义集体经济的生产责任制。不论采取什么形式，只要群众不要求改变，就不要变动。

1984 年 10 月 20 日，党的十二届三中全会提出有计划的商品经济。明确指出，进一步贯彻执行对内搞活经济、对外实行开放的方针，加快以城市为重点的整个经济体制改革的步伐。

1985 年 5 月 23 日，中央军委扩大会议召开，提出推进军队体制改革。会议主要讨论关于军队减少员额一百万的战略决策，精简整编，搞好军队体制改革。

1986 年 12 月，全民所有制企业改革启动。《国务院关于深化企业改革增强企业活力的若干规定》指出，全民所有制小型企业可积极试行租赁、承包经营，大中型企业要实行多种形式的经营责任制，可以选择少数有条件的大中型企业进行股份制试点。

1987 年 10 月 25 日，中国共产党第十三次全国代表大会举行，提出了政治体制改革的任务。

1992 年 10 月 12 日，中国共产党第十四次全国代表大会举行，党的十四大报告指出，我国经济体制改革的目标是建立社会主义市场经济体制，这是党的历史上第一次明确提出建立社会主义市场经济体制的目标模式。

1993 年 12 月 15 日，国务院发布了《关于实行分税制财政管理体制的决定》，1994 年进行了分税制财政体制改革，1995 年又对政府间财政转移支付制度进行了改革，2002 年进行了所得税收入分享改革。1993 年 12 月 25 日，国务院作出《关于金融体制改革的决定》，通过改革确立中国人民银行作为独立执行货币政策的中央银行的宏观调控体系，实行政策性银行与商业银行分立的金融组织体系。

1994 年 7 月 18 日，国务院作出《关于深化城镇住房制度改革的决定》，把住房实物福利分配的方式改变为以按劳分配为主的货币工资分配方式，开启了城镇住房商品化的大门，标志着全面推进住房市场化改革的确立。

1995 年 5 月，中共中央、国务院发布《关于加速科学技术进步的决定》，标志着中国正式提出科教兴国战略。这一战略，就是要全面落实科学技术是第一生产力的思想，把科技和教育摆在经济、社会发展的重要位置。

1996 年 12 月 1 日，我国开始接受国际货币基金组织协定第八条款，实行人民币经常项目下的可兑换，标志着中国外汇管理体制改革取得重大进展，为恢复关贸总协定缔约国地位创造了有利条件。

1998 年政府机构改革，这是国务院继 1982 —1983 年改革、1987 —1988 年改革、1993 —1996 年改革之后的第四次机构改革。这次改革的重点是调整和撤销那些直接管理经济的专业部门，加强宏观调控和执法监管部门。改革后，国务院组成部门由原来 40 个减少到 29 个，加强了行政组织和立法。

1999 年 3 月 22 日，《国务院关于进一步推进西部大开发的若干意见》提出了西部大开发的 10 条意见，为完善社会主义市场经济体制，推动经济结构的战略性调整，用好国内外两个市场、两种资源具有重大的经济、社会和政治意义。

2004 年 1 月 31 日，《国务院关于推进资本市场改革开放和稳定发展的若干意见》颁布，国务院就发展资本市场的作用、指导思想和任务进行全面明确的阐述，对发展资本市场的政策措施进行整体部署具有重要意义，该文件成为证券市场的纲领性文件。

2005 年 10 月 11 日，党的十六届五中全会通过《中共中央关于制定国民经济和社会发展第十一个五年规划的建议》，提出了建设社会主义新农村的重要任务，这一决策关系亿万农民、关系国家长治久安。

2006 年 4 月，国务院出台了《关于促进中部地区崛起的若干意见》，提出了 36 条政策措施，中部崛起成为继东部沿海开放、西部大开发和振兴东北等老工业基地之后的又一国家经济发展战略。

2011 年 10 月，党的十七届六中全会通过《中共中央关于深化文化体制改革推动社会主义文化大发展大繁荣若干重大问题的决定》，提出坚持中国特色社会主义文化发展道路，努力建设社会主义文化强国。

2013 年 11 月，党的十八届三中全会对全面深化改革的若干重大问题作出决定，这是新形势下全面深化改革的纲领性文件，标志着 1978 年开始的改革开放进入新的历史阶段。

2013 年 12 月，中共中央决定成立中央全面深化改革领导小组，由习近平总书记任组长。中央全面深化改革领导小组负责改革的总体设计、统筹协调、整体推进、督促落实。

2014 年 3 月，习近平总书记在参加十二届全国人大二次会议上海代表团审议时指出，要建设自由贸易试验区，这是党中央推进新形势下改革开放的一项重大举措。

2018 年 2 月，党的十九届三中全会通过了《中共中央关于深化党和国家机构改革的决定》和《深化党和国家机构改革方案》，这次机构改革以国家治理体系和治理能力现代化为导向，以推进党和国家机构职能优化协同高效为着力点，为实现中华民族伟大复兴提供了有力的制度保障。

党的十八大以来，我们攻坚克难，集中推进改革，取得了显著的成效。可以说，改革开放是中国共产党在新的历史时期最鲜明的旗帜，也是中国道路最鲜明的特点。

（二）对外开放

20 世纪 70 年代之后，以贸易自由化和投资自由化为主要内容的经济全球化趋势不断深化，商品、服务、资本、信息在世界范围内流动的程度不断提高，各国间相互依赖的程度日益加深。在 1978 年党的十一届三中全会后，我国顺应经济全球化、国际分工日益深化的客观趋势，开始走上了对外开放的道路，并取得了一系列成就。

1. 采取多种措施推进对外贸易体制的改革和发展

下放外贸审批权，中央政府逐步扩大了地方政府和中央行业部门对外贸企业和出口生产企业外贸经营权的审批权，对设立外资企业的审批权，等等。授予一批有条件的大中型企业以外贸自营权，除了一些有关国计民生的、具有战略意义的商品继续由外贸部所属外贸专业总公司经营外，其余商品由地方分公司和有外贸权的企业经营。降低关税保护水平，20 世纪 80 年代初中国关税平均法定税率高达 56%，加入世界贸易组织之后，中国的平均税率已与其他发展中成员相当。逐步取消进口配额和许可证限制，对外开放后，我国逐渐放弃之前广泛采用的配额、许可证等限制进口的手段，在加入世界贸易组织之后逐步取消了对科学仪器、建筑设备、农业设备、医疗设备等四大类产品的强制性招标要求。改革外汇管理体制，在计划经济体制下外汇由行政分配，汇率的作用有限，1994 年中国实现了有管理的浮动汇率制，人民币官方汇率与市场汇率并轨。1996 年中国开始接受国际货币基金组织协定第八条款，实行人民币经常项目下的可兑换。

2. 建立了一系列对外开放基地，逐步形成全方位的对外开放格局

1980 年 5 月，中央决定在广东和福建两省实行对外开放的特殊政策；1980 年 8 月，批准在深圳、珠海、汕头、厦门试办“以市场调节为主的区域性外向型经济形式”的经济特区；1984 年 5 月，决定进一步开放大连、秦皇岛、天津、烟台、青岛、连云港、南通、上海、宁波、温州、福州、广州、湛江、北海 14 个沿海港口城市，给予与经济特区类似的某些优惠待遇；1985 年 2 月，确定把长江三角洲地区，珠江三角洲地区，闽南的厦漳泉三角地区（厦门、漳州、泉州），以及胶东半岛、辽东半岛列为经济开放地区；1988 年 4 月，在海南岛设立经济特区。这些经济特区和沿海开放地区为建立现代市场提供了试验场，为全国性的经济改革提供了借鉴。

20 世纪 90 年代，中国提出了对外开放的“四沿战略”，即重点开发沿海、沿边、沿江和沿路，侧重发展从渤海湾到北部湾的沿海地区，侧重发展新疆、内蒙古和黑龙江的边境地区，以上海浦东开发为龙头，着重推动重庆以下长江流域的全面开发，开发中国境内从东部港口到新

疆阿尔泰山口这段铁路的沿线地区。1993 年决定对芜湖、九江、武汉、岳阳、重庆五市也实行沿海开放城市政策；同年，又决定开放合肥、南昌、长沙、成都、郑州、太原、西安、兰州、西宁、贵阳、银川等 11 个省会城市，把沿海沿边省份的 4 个省会城市哈尔滨、长春、呼和浩特和石家庄作为开放城市。

加速内陆地区及环渤海地区发展。在 1999 年，中央决定实施西部大开发战略，决定对在西部地区吸收外资的行业准入、税收等方面提供优惠政策；2003 年，又正式提出了振兴东北地区等老工业基地的战略举措，旨在通过扩大开放，促进东北地区产业转型、经济振兴；2006 年 4 月，批准天津滨海新区进行综合配套改革试点，这是继上海浦东新区之后中国第二个综合配套改革试点区，努力将其建成中国北方对外开放的门户。2017 年，党中央又决定设立河北雄安新区，这是继深圳经济特区和上海浦东新区之后又一具有全国意义的新区，是对外开放的新举措，关乎国家发展的千年大计。

3. 扩大吸收外资的规模，改善吸收外资的结构

按照国际惯例制定政策，鼓励外资进入并将其纳入正常轨道。1979 年颁布《中华人民共和国中外合资经营企业法》，吸收外资由此开始；1986 年《国务院关于鼓励外商投资的规定》颁布，对外商兴办企业给予更为优惠的待遇；1995 年发布了《指导外商投资方向暂行规定》和《外商投资产业指导目录》；2002 年和 2007 年两次修订了《外商投资产业指导目录》。积极改善投资的软环境，例如制止对外商直接投资的企业进行乱检查、乱收费，保护知识产权，完善外商直接投资企业投诉制

度，等等。

4. 从申请恢复关贸总协定缔约国地位到加入世界贸易组织

早在1947年，我国就作为23个创始缔约国成员之一，签订了《关税与贸易总协定》，但是由于各种原因，我国在关贸总协定的地位没有被确定。1986年7月，我国正式提出恢复关贸总协定缔约国地位。此后，经过十几年的努力，我国终于在2001年12月成为世界贸易组织成员。这标志着我国对外开放进入了一个新的阶段，由有限范围、领域的开放，转变为全方位、宽领域的开放；由被动接受国际规则，转变为主动参与国际规则制定的开放。

除此之外，近年来中国在对外开放中发生了一系列大事，例如2013年中国（上海）自由贸易区成立；2013年习近平主席先后向世界发出建设丝绸之路经济带和21世纪海上丝绸之路的合作倡议；2015年国际货币基金组织正式宣布，人民币2016年10月1日起加入国际货币基金组织特别提款权货币篮子；2017年首届“一带一路”国际合作高峰论坛在北京举行；2018年习近平主席出席博鳌亚洲论坛2018年年会并发表主旨演讲，宣布一系列对外开放重大举措等。

事实证明，对外开放是实现国家繁荣富强的根本出路，以开放促改革，以开放促发展，是中国道路越走越宽的重要法宝。正如习近平总书记所说，在经济全球化深入发展，各国经济加速融合的时代，只有打开国门搞建设，我们才能获得国内发展所需要的资金、技术、资源、市场、人才，等等。封闭僵化没有出路，唯有不断地扩大开放才是王道。

三、在全面深化改革和扩大开放中推进中国道路

实践发展永无止境，解放思想永无止境。面对新形势新任务，全面建成小康社会，建成富强民主文明和谐美丽的社会主义现代化国家，实现中华民族伟大复兴的中国梦，必须在新的历史起点上全面深化改革、全面扩大开放。

（一）全面深化改革的目标

全面深化改革的总目标是完善和发展中国特色社会主义制度，推进国家治理体系和治理能力现代化。前一句话讲的是根本方向，后一句话讲的是完善和发展中国特色社会主义制度的鲜明指向，二者是一个统一整体。

新中国成立以来，特别是改革开放以来，我国逐步形成了中国特色社会主义根本政治制度、基本政治制度和社会主义初级阶段基本经济制度、中国特色社会主义法律体系，以及建立在这些制度基础上的经济体制、政治体制、文化体制、社会体制等各项具体制度。实践证明，这些根本制度、基本制度和某些具体制度都是发展中国特色社会主义的重要法宝。但是同时要看到，这并不意味着中国特色社会主义的一些具体制度就不需要进一步完善了。我国现有的一些具体制度中，还有很大弊端，如不认真深化改革，就很难适应现代化建设的迫切需要。推进国家治理体系和治理能力现代化，就是要适应时代变化，不断构建新的体制机制、法律法规，使各方面制度更加科学、更加完善。

推进国家治理体系和治理能力代化，包括两个方面：一是要做到治

理的广覆盖、全覆盖，涵盖现代化建设的各个领域，推进国家治理体系化；二是强调提高治理水平，实现国家治理体系和治理能力现代化。必须坚持党的领导，通过经济市场化、社会法治化、国家政治生活民主化、权力运行制约和监督科学化等途径来实现。同时，还要充分利用多种信息化手段和智能化平台作辅助。例如，建立全社会房产、信用等基础数据统一平台，推进部门信息共享；完善收入分配调控体制机制和政策体系，建立个人收入和财产信息系统，等等。

（二）全面深化改革的路线图

第一，紧紧围绕使市场在资源配置中起决定性作用。经济体制改革必须围绕使市场在资源配置中起决定性作用来推进。进一步处理好政府和市场关系，实际上就是要解决在资源配置中是市场起决定性作用，还是政府起决定性作用的问题。如果从经济发展的本质来看的话，就非常容易理解了。经济发展就是要提高资源的配置效率，以尽可能少的资源投入生产尽可能多的产品。事实证明，市场配置资源是最有效的方式。深化社会主义市场经济体制改革必须遵循这条规律。我们党将市场在资源配置中的“基础性作用”修改为“决定性作用”，就是要强调大幅度减少政府对资源的直接配置，推动资源配置依据市场规则实现效率最大化。当然，政府也并不是可以“无所事事”，政府的职责主要是保持宏观经济稳定，加强和优化公共服务，保障公平竞争，加强市场监管，维护市场秩序等。

第二，紧紧围绕坚持党的领导、人民当家作主、依法治国有机统一深化政治体制改革。政治体制改革是当前老百姓非常关注的热点话题，也是事关党和国家工作全局的一件大事。应该如何来推进这项工作呢？我们的思路是实现三者的有机统一。党的领导是人民当家作主和依法治国的根本保证，人民当家作主是社会主义民主政治的本质和核心，依法治国是党领导人民治理国家的基本方略。这就要求我们，坚持国家一切权力属于人民的理念，最广泛地动员和组织人民通过各级人民代表大会行使国家权力，通过各种形式管理国家和社会事务。我们党则要发挥总揽全局、协调各方的领导核心作用。坚持依法治国的基本方略，善于使党的主张通过法定程序成为国家意志，善于使党组织推荐的人选成为国家政权机关的领导人员，使党和国家的各个方面依照宪法和法律协调一致地开展工作。

第三，紧紧围绕建设社会主义核心价值体系、社会主义文化强国深化文化体制改革。文化是民族的血脉，是人民的精神家园。没有文化自信，不管是一个国家，还是一个民族，都不可能屹立于世界民族之林。必须建设社会主义文化强国，提升中华文化国际影响力。必须坚持社会主义先进文化前进方向，激发全民族文化创造活力，推进文化体制机制改革。从完善文化管理体制、健全现代文化市场体系、构建现代公共文化服务体系、提高文化开放水平等方面来不断推进文化的创新发展。

第四，紧紧围绕更好保障和改善民生、促进社会公平正义深化社会体制改革。保障和改善民生是我们党的根本宗旨所要求的。具体到民生，就是要多谋民生之利，多解民生之忧，解决好人民最关心最直接最现实的利益问题，在学有所教、劳有所得、病有所医、老有所养、住有所居上不断地下功夫，努力让人民群众过上更加美好的生活。这方面需要我们做的工作有很多，例如：要深化教育领域综合改革；要健全有利于促进就业创业的体制机制；要建立更加公平、更加合理的社会保障体制机制；要改进社会治理方式，激发社会组织活力；等等。

第五，紧紧围绕建设美丽中国深化生态文明体制改革，加快建立生态文明制度。生态文明不仅仅是个经济问题，更是政治问题，里面有大学问。正如习近平总书记所说："经济上去了，老百姓的幸福感大打折扣，甚至强烈的不满情绪上来了，那是什么形势？所以，我们不能把加强生态文明建设、加强生态环境保护、提倡绿色低碳生活方式等仅仅作为经济问题。这里面有很大的政治。"[1]大力推进生态文明建设，提高生态文明水平，就必须实行最严格的源头保护制度、损害赔偿制度、责任追究制度；完善环境治理和生态修复制度；健全自然资源资产产权制度和用途管制制度；划定生态保护红线、实行资源有偿使用制度和生态补偿制度；改革生态环境保护管理体制等。

第六，紧紧围绕提高科学执政、民主执政、依法执政水平深化党的建设制度改革。中国共产党领导是中国特色社会主义的本质特征。建设中国特色社会主义，就必须加强党的领导，就必须充分发挥党总揽全局、协调各方的领导核心作用。要把全党同志的思想和行动统一到全面深化改革重大决策部署上来，坚决维护党中央权威，保证政令畅通，坚定不移实现中央改革决策部署；坚持党管干部原则，深化干部人事制度改革，使各方面优秀干部充分涌现；建立集聚人才体制机制，择天下英才而用之；建立社会参与机制，调动人民群众的积极性、主动性、创造性；加强宣传和舆论引导，为全面深化改革营造良好社会氛围。

---

〔1〕中共中央文献研究室：《习近平关于全面深化改革论述摘编》，中央文献出版社 2014 年版，第 103 页。

（三）全面扩大开放

当今世界正处在大发展大变革大调整时期，从国际上看，经济全球化深入发展，国际经济合作和竞争格局演变迅速。“逆全球化”思潮涌动，贸易保护主义上升，主要发达经济体试图构筑高标准自由贸易区网络，抢占竞争制高点。从国内看，我们正处在一个新的发展关口，劳动力成本持续上升，资源环境承载接近上限。这就要求我们主动参与和推进经济全球化进程，发展更高层次的开放型经济，形成全面开放新格局。

党的十九大报告强调，要在“一带一路”的基础上，坚持引进来和走出去相结合，形成陆海内外联动、东西双向互济的开放格局。这就要求我们在思想上把开放作为发展的内在要求，坚持不懈用开放来促进改革、促进发展、促进创新。坚持双向开放：在引进来方面着力提高吸引外资的质量，注重吸引先进管理经验，吸引高素质人才；在走出去方面要支持我国企业扩大对外投资，推动装备、技术、服务、标准等走出去。坚持全面开放，在发展空间上要优化区域开放布局，形成沿海内陆沿边分工协作的开放格局，大力推进“一带一路”建设，大幅度放宽市场准入，进一步放开制造业、服务业、金融业的对外开放。坚持公平开放，保护外商合法权益，公平公正对待所有市场主体。可以看到，中国开放的大门不仅不会关闭，反而会越开越大，中国必将在更为开放的基础上造福全世界。

第六章

本质要求：解放和发展社会生产力

改革开放40年的实践启示我们：解放和发展社会生产力，增强社会主义国家的综合国力，是社会主义的本质要求和根本任务。

——习近平在庆祝改革开放40周年大会上的讲话（2018年12月18日）

马克思主义告诉我们，物质生产是社会发展中的决定性因素，生产力是推动一个社会进步和前进的最根本、最活跃的因素。改革开放40多年来，我国在经济发展方面取得了举世瞩目的伟大成就。回顾我国在经济发展上所走过的道路，最大的启示就是一直坚持马克思主义的这个基本观点：坚持解放和发展生产力。如果不是将解放和发展生产力作为中国特色社会主义道路的本质要求，就不可能真正把社会主义制度的优越性充分发挥出来，也就不可能真正创造出令世人惊叹的经济发展奇迹。

一、从解放生产力、发展生产力到保护生产力

马克思、恩格斯非常强调生产力在社会发展过程中的最终决定作用，他们曾说："人们所达到的生产力的总和决定着社会状况。"[1]社会生产力是人类全部历史的基础，随着生产力的发展，人们不断地改变自己的生产关系。"手推磨产生的是封建主的社会，蒸汽磨产生的是工业资本家的社会。"[2]一切历史的冲突都根源于生产力和生产关系的矛盾，一

〔1〕马克思、恩格斯：《德意志意识形态》，《马克思恩格斯选集》第一卷，人民出版社2012年版，第160页。
〔2〕马克思：《哲学的贫困》，《马克思恩格斯选集》第一卷，人民出版社2012年版，第222页。

切社会变革都来自生产方式的变化。但是，他们并没有将生产力问题与社会主义的本质联系起来进行思考。在对未来社会主义和共产主义进行思考的时候，他们更多地强调的一个观点是“自由人联合体”，在那里，每个人的自由发展是一切人的自由发展的条件。他们非常重视这一点，坚定地认为除了这句话外，再也找不出合适的语言来概括“未来新时代的精神”。

列宁作为建立社会主义国家的第一个实践者，他同样没有明确指出什么是社会主义的本质要求。但是，他却用一些公式简要地表达了什么是社会主义以及社会主义取得胜利的“最重要最主要的东西”。这个“最重要最主要的东西”就是“苏维埃政权＋普鲁士的铁路秩序＋美国的技术和托拉斯组织＋美国的国民教育＋……＋……＝总和＝社会主义”，就是“共产主义就是苏维埃政权加全国电气化”，就是“劳动生产率”。他曾指出：“劳动生产率，归根到底是使新社会制度取得胜利的最重要最主要的东西。资本主义创造了在农奴制度下所没有过的劳动生产率。资本主义可以被最终战胜，而且一定会被最终战胜，因为社会主义能创造新的高得多的劳动生产率。”[1]从上述内容中，我们可以看出列宁所认为的“最重要最主要的东西”也不固定，是不断变化的。

（一）从社会主义本质的高度来认识生产力问题

真正从社会主义本质的高度来认识生产力问题的是邓小平，他指出：“‘文化大革命’当中，‘四人帮’更荒谬地提出，宁要贫穷的社会

〔1〕列宁：《伟大的创举》，《列宁选集》第四卷，人民出版社2012年版，第16页。

主义和共产主义，不要富裕的资本主义。不要富裕的资本主义还有道理，难道能够讲什么贫穷的社会主义和共产主义吗？结果中国停滞了。这才迫使我们重新考虑问题。考虑的第一条就是要坚持社会主义，而坚持社会主义，首先要摆脱贫穷落后状态，大大发展生产力，体现社会主义优于资本主义的特点。”[1]在这段论述中，邓小平实际上论述了要将大力发展生产力与坚持社会主义联系起来，并且明确指出了这是“体现社会主义优于资本主义的特点”。这里虽然没有明确指出“本质”，但是“特点”已经部分地有了“本质”的内涵。明确将发展生产力提升为社会主义本质是在20世纪90年代，邓小平在南方谈话中指出：“社会主义的本质，是解放生产力，发展生产力，消灭剥削，消除两极分化，最终达到共同富裕。”[2]这里对社会主义本质的认识从三个方面去谈，包含着三个方面的内容，但是其中最重要的基础是第一个方面，“解放生产力，发展生产力”。

在邓小平之后，江泽民和胡锦涛沿着解放生产力、发展生产力的思路，将认识更推进了一步。例如，解放和发展生产力是一切问题的关键，但是究竟要解放和发展什么样的生产力呢？是不是所有的生产力都需要解放和发展呢？江泽民指出，我们要解放和发展的不是一般的、普通的生产力，而是“先进生产力”。我们党要始终代表中国先进生产力的发展要求，就是党的理论、路线、方针、政策等各项工作，必须努力符合生产力发展的规律，体现不断推动社会生产力的解放和发展的要

〔1〕邓小平：《社会主义必须摆脱贫穷》，《邓小平文选》第三卷，人民出版社1993年版，第223—224页。
〔2〕邓小平：《在武昌、深圳、珠海、上海等地的谈话要点》，《邓小平文选》第三卷，人民出版社1993年版，第373页。

求，尤其要体现推动先进生产力发展的要求，通过发展生产力不断提高人民群众的生活水平。胡锦涛则继续回答了在中国怎样发展生产力的问题，这就是要从发展方式的改革和调整上去发展生产力。他说："转变经济增长方式，是经济工作的一项重点任务，也是调整经济结构、促进经济持续快速协调健康发展的关键。"[1]

党的十八大之后，习近平总书记也非常重视解放和发展生产力。2013 年 11 月 12 日，习近平总书记在党的十八届三中全会第二次全体会议上指出："全面建成小康社会，实现社会主义现代化，实现中华民族伟大复兴，最根本最紧迫的任务还是进一步解放和发展社会生产力。解放思想，解放和增强社会活力，是为了更好解放和发展社会生产力。……我们要通过深化改革，让一切劳动、知识、技术、管理、资本等要素的活力竞相迸发，让一切创造社会财富的源泉充分涌流。"[2] 2015 年 12 月 18 日，习近平总书记在中央经济工作会议上指出："从发展上看，主导国家命运的决定性因素是社会生产力发展和劳动生产率提高，只有不断推进科技创新，不断解放和发展社会生产力，不断提高劳动生产率，才能实现经济社会持续健康发展，避免陷入'中等收入陷阱'。"[3] 但是，他并没有局限于解放和发展生产力的论述，而是进一步将其发展到保护生产力层面。他指出，保护生态环境就是保护生产力，改善生态环境就是发展生产力。

---

〔1〕胡锦涛：《我国经济社会发展的阶段性特征和需要抓紧解决的重大问题》，《胡锦涛文选》第二卷，人民出版社 2016 年版，第 368 页。
〔2〕习近平：《切实把思想统一到党的十八届三中全会精神上来》，《人民日报》2014 年 1 月 1 日。
〔3〕习近平：《科技是国之利器》，人民网 2016 年 6 月 5 日。

（二）制定正确的经济发展战略目标

解放和发展生产力是本质要求，要想做到解放和发展生产力就必须制定正确的经济发展战略目标。只有目标正确才能达到解放和发展生产力的目的，否则只能破坏生产力。

1. 从提出“小康社会”战略目标到“三步走”战略目标

1979 年 12 月 6 日，日本首相大平正芳率代表团访问中国。大平正芳问邓小平，中国将来会是什么样？整个现代化的蓝图是如何构思的？邓小平回答说：“我们要实现的四个现代化，是中国式的四个现代化。我们的四个现代化的概念，不是像你们那样的现代化的概念，而是‘小康之家’。到本世纪末，中国的四个现代化即使达到了某种目标，我们的国民生产总值人均水平也还是很低的。要达到第三世界中比较富裕一点的国家的水平，比如国民生产总值人均一千美元，也还得付出很大的努力。就算达到那样的水平，同西方来比，也还是落后的。”[1] 这里邓小平提出了“小康社会”的战略目标，这是一个中国式的概念，用这个概念来形容中国未来 20 年的发展前景。那么“小康社会”的战略目标实现之后，又会是一种什么情况呢？我们的长远目标是什么呢？1984 年，邓小平又对“小康”之后的发展目标做了设想，他说：“我们的第一个目标就是到本世纪末达到小康水平，第二个目标就是要在三十年至五十年内达到或接近发达国家的水平。”[2] 党的十三大

〔1〕邓小平：《中国本世纪的目标是实现小康》，《邓小平文选》第二卷，人民出版社 1994 年版，第 237 页。
〔2〕中共中央文献研究室：《邓小平年谱（1975—1997）》（下），中央文献出版社 2004 年版，第 970 页。

报告又对这一目标进行了细化和调整。第一步，实现国民生产总值比1980年翻一番，解决人民的温饱问题。第二步，到20世纪末，使国民生产总值再增长一倍，人民生活达到小康水平。第三步，到21世纪中叶，人均国民生产总值达到中等发达国家水平，人民生活比较富裕，基本实现现代化。这就是“三步走”的经济发展战略，实践证明，这是可行的。

2.“小三步走”的发展战略和全面建设小康社会奋斗目标的提出

按照“三步走”的发展战略目标，总体上达到小康之后，我们将进入“第三步”，但是“第三步”怎么走？邓小平并没有提出具体的解决步骤。江泽民在党的十四大报告中指出：“在九十年代，我们要初步建立起新的经济体制，实现达到小康水平的第二步发展目标。再经过二十年的努力，到建党一百周年的时候，我们将在各方面形成一整套更加成熟更加定型的制度。在这样的基础上，到下世纪中叶建国一百周年的时候，就能够达到第三步发展目标，基本实现社会主义现代化。”[1]这两个“一百年”目标就为实现“第三步”规划了阶段性目标。后来，我们党对“建党一百周年”进行了细化，指出21世纪的第一个10年，实现国民生产总值比2000年翻一番，人民的小康生活更加宽裕；到建党100年时，国民经济更加发展，各项制度更加完善；到21世纪中叶新中国成立100年时，基本实现现代化，建成富强民主文明的社会主义国家。这被称为实现第三步战略目标的“小三步走”

〔1〕江泽民：《加快改革开放和现代化建设步伐，夺取有中国特色社会主义事业的更大胜利》，《江泽民文选》第一卷，人民出版社2006年版，第253页。

战略。在总体上实现小康社会，标志着我国进入了小康社会。在此基础上，我们党又提出以21世纪的第一个20年为期，提出一个阶段性目标：全面建设小康社会。

3. 对2020年到21世纪中叶的发展目标进行部署

在党的十九大上，我们党又对全面建成小康社会到2050年之间的时间段进行了安排。第一个阶段是从2020年到2035年，这个阶段是在全面建成小康社会的基础上，再奋斗15年，基本实现社会主义现代化。第二个阶段，是从2035年到21世纪中叶，在基本实现现代化的基础上，再奋斗15年，把我国建成富强民主文明和谐美丽的社会主义现代化强国。

第一个阶段和第二个阶段相比，第一个阶段侧重于“基本实现”，第二个阶段侧重于“全面提升”。例如，在第一个阶段，法治国家、法治政府、法治社会基本建成，国家治理体系和治理能力现代化基本实现，公共服务均等化基本实现，现代社会治理格局基本形成，美丽中国目标基本实现，等等。在第二个阶段，我国物质文明、政治文明、精神文明、社会文明、生态文明将全面提升，实现国家治理体系和治理能力现代化，等等。

二、经济体制改革不断完善

从基本经济制度上看，传统的经济体制是以生产资料公有制为基础的，有两种表现形式，一种是国家所有制，一种是集体所有制，前者是高级形式，后者是低级形式；从经济运行上看，是一种高度集中统一的计划经济体制，一切经济资源，包括资金、劳动力、生产资料等都由政府按照计划统一调配，各种生产要素都不经过市场流通。要想解放生产力、发展生产力就必须对这种传统的经济体制进行改革。因为在这种经济体制下，缺乏有效的利益激励机制，各个方面的劳动者只满足于完成下达的计划任务，缺乏主动创造精神，最终往往造成了生产力极大的浪费。

（一）市场经济体制的改革

1. 从 1978 年到 1983 年，我国开始了经济体制改革并提出了“计划经济为主，市场调节为辅”的原则

在农村，党的十一届三中全会之前，我国某些地方已经开始了包产到组、包产到户、包干到户等形式的改革。1980 年 9 月，中央印发了《关于进一步加强和完善农业生产责任制的几个问题》的座谈会纪要，明确指出群众对集体丧失信心，要求包产到户的，可以包产到户，并在一个较长时间内保持稳定。到 1983 年，全国很多地方都实行了包产到户。在城市，1981 年开始推广承包经营责任制，1983 年又推行利改税。在党的十二大上，我们党提出了“正确贯彻计划经济为主、市场调节为辅的原则，是经济体制改革中的一个根本性问题”。这是在计划市场关系上的一次深化。

2. 从 1984 年到 1992 年，确立市场化改革目标并初步形成社会主义市场经济理论

1984 年党的十二届三中全会指出，以城市为重点的整个经济体制改革必须增强全民所有制的大、中型企业活力。这就要求，必须突破

把计划经济同商品经济对立起来的传统观念，把充分发展商品经济作为社会主义经济发展一个不可逾越的阶段。党的十三大报告提出“社会主义有计划的商品经济体制”，并且指出这种经济体制“应该是计划与市场内在统一的体制”。计划与市场的关系是“国家调节市场，市场引导企业”。1989年之后，经济领域出现了一系列否定市场取向改革的错误思想，认为搞市场经济就是走资本主义道路。在这种情况下，邓小平1992年视察南方时指出：“计划多一点还是市场多一点，不是社会主义与资本主义的本质区别。”[1]在党的十四大报告中，中央明确指出我国经济体制改革的目标是建立社会主义市场经济体制，所谓社会主义市场经济体制就是要使市场在社会主义国家宏观调控下对资源配置起基础性作用。

3. 从1993年到2002年，社会主义市场经济体制初步建立

1993年，党的十四届三中全会提出了“整体推进、重点突破”的改革战略，指出市场经济体制改革不仅要在边缘地带进行，还要在国有部门打攻坚战。同时，在财税体制、金融体制、外汇管理体制、企业体制和社会保障体制等方面都提出了相应的改革目标。到2002年，社会主义市场经济体制的基本框架初步建立起来。公有制为主体、多种所有制经济共同发展的基本经济制度已经确立，市场体系基本形成，宏观调控体系初步建立，按劳分配为主体、多种分配方式并存的收入分配制度已经形成，社会保障体系初步建立，全方位、宽领域、多层次的对外开放

〔1〕邓小平：《在武昌、深圳、珠海、上海等地的谈话要点》，《邓小平文选》第三卷，人民出版社1993年版，第373页。

格局基本形成。

4. 从2003年到现在，全面推进和完善社会主义市场经济

党的十六大根据世界经济、科技发展的新趋势和我国现代化建设新阶段的要求，不失时机地把完善社会主义市场经济体制列为21世纪头20年的首要任务。党的十六届三中全会通过了《中共中央关于完善社会主义市场经济体制若干问题的决定》，从我国经济和社会发展的实际出发，根据成熟的社会主义市场经济的要求，科学地确定了完善社会主义市场经济体制的目标。党的十七大针对社会主义市场经济体制的完善问题，又做出了新的论述，提出了新要求。党的十七大进一步强调，要完善社会主义市场经济体制，加快重点领域和关键环节改革步伐，着力构建充满活力、富有效率、更加开放、有利于科学发展的体制机制。

党的十八大则进一步指出："要加快完善社会主义市场经济体制，完善公有制为主体、多种所有制经济共同发展的基本经济制度，完善按劳分配为主体、多种分配方式并存的分配制度，更大程度更广范围发挥市场在资源配置中的基础性作用，完善宏观调控体系，完善开放型经济体系，推动经济更有效率、更加公平、更可持续发展。"这一目标体现了经济、社会和人的全面发展，体现了改革、发展、稳定三者紧密结合、相互统一的战略思想，反映了我们党对发展社会主义市场经济规律认识的不断深化。2017年党的十九大报告则进一步指出："经济体制改革必须以完善产权制度和要素市场化配置为重点，实现产权有效激励、要素自由流动、价格反应灵活、竞争公平有序、企业优胜劣汰。"

（二）所有制结构的调整

马克思主义认为，生产资料所有制是生产关系的前提和基础，是决定生产关系发展变化的决定性因素。我们所建立的社会主义市场经济体制在所有制结构和分配制度上与传统的经济体制不同，因此所有制结构的改革也是建立市场经济体制的重要方面。

改革开放以来，我国就不断地调整和完善所有制结构。1981 年 10 月《中共中央、国务院关于广开门路，搞活经济，解决城镇就业问题的若干决定》指出，国营经济和集体经济是社会主义经济的基本形式，一定范围的劳动者个体经济是社会主义公有制经济的必要补充。这是中央正式文件中首次提出个体经济。1982 年党的十二大报告指出，鼓励个体经济在国家规定的范围内适当发展，并将其作为公有制经济的必要的、有益的补充。这是党的代表大会第一次肯定个体经济是“必要的”“有益的”观点。1992 年党的十四大报告指出，社会主义市场经济体制是同社会主义基本制度结合在一起的，在所有制结构上表现为公有制包括全民所有制和集体所有制为主体，个体经济、私营经济、外资经济为补充，多种经济成分长期共同发展。1997 年党的十五大报告正式确定“公有制为主体、多种所有制经济共同发展，是我国社会主义初级阶段的一项基本经济制度”。还指出，公有制的实现形式可以而且应该多样化，一切反映社会化生产规律的经营方式都可以大胆采用；非公有制经济是社会主义市场经济的重要组成部分，要积极鼓励、引导和支持。2003 年 10 月，党的十六届三中全会突破公有制实现形式的传统观念，指出公有制的主要实现形式是股份制。2004 年“私有财产不受侵犯”被写进宪法。2012 年党的十八大指出以“三个平等”为核心内容的不同市场主体可以公平竞争。2013 年 11 月，党的十八届三中全会提出公有制经济和非公有制经济都是社会主义市场经济的重要组成部分，都是我国经济社会发展的重要基础。2017 年党的十九大又指出，一方面要“促进国有资产保值增值”，“深化国有企业改革，发展混合所有制经济”；另一方面，又要“全面实施市场准入负面清单制度，清理废除妨碍统一市场和公平竞争的各种规定和做法，支持民营企业发展，激发各类市场主体活力”。

三、转变经济发展方式

转变经济发展方式就是通过经济发展中各生产要素的投入、分配、组合等方式的变化和调整，实现经济发展升级换代的方法和手段。改革开放以来，党和国家始终把转变经济发展方式作为解放生产力、发展生产力的重要途径。

（一）从强调“经济效益”到要求经济增长方式实现“两个转变”

改革开放之前，由于国际国内背景，我们确定了“赶超式”的发展方式，其表现就是追求高的经济指标和快的发展速度。1981 年 11 月五届全国人大四次会议的政府工作报告中，指出要改变“左”的思想指导下的老办法，走出一条速度比较实在、经济效益比较好、人民可以得到更多实惠的新路子。1982 年，党的十二大明确提出，要把经济工作转到以提高经济效益为中心的轨道上来。同年 11 月，五届全国人大五次会议通过的“六五”计划强调，“一切经济工作都要以提高经济效益为中心”。这是改革开放之后编制的第一个五年计划，标志着国民经济发展方式从以追求速度为中心向以追求效益为中心转变。

围绕着经济效益的提高，我们党提出了一些新的理念和方法。例如，党的十三大报告指出要从粗放经营为主逐步转到集约经营为主的轨道上来。这里所谓的集约经营就是降低物质和劳动消耗，实现生产要素合理配置，提高资金使用效率。这是党的文件中第一次明确对经济增长方式提出转型要求。1990 年 12 月，党的十三届七中全会通过的“八五”计划建议提出要把发展速度与质量和效益统一起来作为主要的经济发展方针，同时，还提出了“经济增长质量”的概念。注重经济增长质量就是要坚持速度与效益的统一，注重产业结构调整，重视科学技术进步和加强管理。从实际情况来看，当时强调“经济效益”是受当时特定发展阶段的影响，希望能够迅速摆脱落后状况，摆脱只重视速度的提高、产值的增长、规模的扩大的粗放式经营方式。从效果上看，由于缺乏体制和经营机制上的创新，多数国有企业还没有成为市场竞争的主体，活力缺乏。这就要求我们加快创新体制机制，通过体制和机制的转变形成新的动力。

从 20 世纪 90 年代开始，我们党对转变经济发展方式的重点开始转向体制架构方面，试图通过计划经济体制向市场经济体制的转轨来思考经济发展方式的转变。1993 年党的十四届三中全会指出，经济体制的转变为经济增长方式的转变提供了更好的环境；经济增长方式的转变，也必然推动经济体制改革的纵深发展。此后，《国务院关于实行分税制财政管理体制的决定》《国务院关于金融体制改革的决定》《国务院关于进一步深化对外贸易体制改革的决定》为经济增长方式的转变创造了体制方面的条件。1995 年，党的十四届五中全会把“从传统的计划经济体制向社会主义市场经济体制转变，经济增长方式从粗放型向集约型转变”，作为实现今后 15 年奋斗目标的关键任务明确提出，这是发展方式认识转变中的一次重大突破。

（二）从实现“两个转变”到“经济社会全面发展”的发展方式转变

在实现“两个转变”的过程中，党中央针对单纯关注经济增长的问题，特别是在抗击非典过程中暴露出来的过分强调经济增长速度、社会事业发展落后、城乡发展不平衡等问题，开始强调发展的全面性、协调性和可持续性。2003 年 10 月，党的十六届三中全会提出要坚持以人为本，树立全面、协调、可持续的发展观。会议还提出了“五个统筹”的思想，即统筹城乡发展、统筹区域发展、统筹经济社会发展、统筹人与自然和谐发展、统筹国内发展和对外开放的关系。“五个统筹”既是落实科学发展观的路径，也是转变经济增长方式的路径。2005 年，党的十六届五中全会通过的《中共中央关于制定国民经济和社会发展第十一个五年规划的建议》指出：“要把节约资源作为基本国策，发展循环经济，保护生态环境，加快建设资源节约型、环境友好型社会，促进经济发展与人口、资源、环境相协调。”2006 年党的十六届六中全会通过的《中共中央关于构建社会主义和谐社会若干重大问题的决定》指出：“转变增长方式，提高发展质量，推进节约发展、清洁发展、安全发展，实现经济社会全面协调可持续发展。”这里在思路上就是要通过构建社会机制来实现经济增长方式的转型。所谓社会机制，就是要利用政府、市场、社会三方面的主体，共同推进经济、社会、人与自然的发展。

党中央在“经济社会全面发展”的过程中，同样提出了一些新的理念和方法。例如，把原来的“又快又好”调整为“又好又快”，这一调整意在强调要更加注重发展质量和发展效益，要重视生产发展、生活富裕和生态良好的文明发展道路。此外，党的十七大还把“经济增长方式”调整为“经济发展方式”，党的十七大报告指出：“加快转变经济发展方式，推动产业结构优化升级。这是关系国民经济全局紧迫而重大的战略任务。”从“增长”到“发展”虽然只是两个字的变化，却意义重大。因为经济发展方式除了涵盖经济增长方式的全部内容外，在发展理念、目的、战略、途径等方面有了更高的要求，经济发展要向依靠消费、投资、出口协调拉动，要向依靠第一、第二、第三产业协同带动，要向依靠科技进步、劳动者素质提高、管理创新等方面转变。

（三）从“经济社会全面发展”向“创新、协调、绿色、开放、共享”五大发展理念转变

党的十八大之后，党中央对发展方式问题进行了更为深入的思考。2015年党的十八届五中全会提出了“创新、协调、绿色、开放、共享”五大发展理念。习近平总书记在党的十八届五中全会第二次全体会议上指出，“创新发展注重的是解决发展动力问题”，如果科技创新搞不上去，发展动力就不能实现转换，因此必须把创新作为引领发展的第

一动力；“协调发展注重的是解决发展不平衡问题”，发展不协调是我国长期存在的问题，突出表现在区域、城乡、经济、社会、物质文明和精神文明、经济建设和国防建设等关系上，要注意调整关系，注重发展的整体效能；“绿色发展注重的是解决人与自然和谐问题”，我国资源约束趋紧、环境污染严重、生态退化问题十分严峻，必须坚持节约资源和保护环境的基本国策，走生产发展、生活富裕、生态良好的文明发展道路；“开放发展注重的是解决发展内外联动问题”，问题不是要不要对外开放，而是如何提高对外开放的质量和发展的内外联动性，因此要完善对外开放区域布局、对外贸易布局、投资布局，形成更高层次的开放型经济；“共享发展注重的是解决社会公平正义问题”，我国经济发展的“蛋糕”不断做大，但是分配不公问题比较突出，必须坚持发展为了人民、发展依靠人民、发展成果由人民共享的路径。

五大发展理念引领发展方式的转变向纵深发展，实现了理论和实践上的重大突破。突出表现在：一是把创新摆在第一位，抓住了牵动经济社会发展全局的“牛鼻子”。从世界经济来看，经济社会发展越来越依赖于理论、制度、科技、文化等领域的创新，谁在创新上先走一步，谁就能引领发展的主动权，抓住了创新，就抓住了发展方式转变的强力引擎。二是从“五位一体”总体布局高度认识发展方式的转变。在发展方式的思路上，一开始是从经济发展内部来思考发展方式问题，无论是发展的速度还是效益，无论是发展的数量还是质量，无论是发展的要素分配还是产业结构调整，等等，都着眼于经济本身。后来强调经济社会的发展，这里突破了从经济本身来思考发展方式转变的思路，但是还是仅仅从社会方面来思考。五大发展理念在秉承这种思路的同时，从“五位一体”的高度来谋划和推进发展方式的转变，这就赋予了其更多的内涵。三是从弥补发展短板的角度思考发展方式转变问题。我国正处于由中等收入国家向高收入国家迈进的阶段，这个阶段是各种矛盾集中爆发的时期，存在着各种短板，必须找到短板、补齐短板才能挖掘发展潜力、增强发展后劲。这里，我们找到了资源环境问题，找到了公共服务供给不足问题，找到了法治建设有待加强问题，等等，并提出相应的对策措施想办法解决这些问题。

四、重视科技创新

马克思、恩格斯早就指出，科学技术是生产力，机器生产的发展要求自觉应用科学技术。一个国家解放生产力和发展生产力的关键是要高度重视科学技术的重要作用。没有科技创新，就无法解放生产力，无法发展生产力，中国也走不出一条具有中国特色的自主创新之路。

（一）从“科学技术是第一生产力”到实施科教兴国战略

改革开放之后，党中央非常重视科学技术在经济发展中的重要作用。1981 年 4 月《关于我国科学技术发展方针的汇报提纲》指出要把科学技术的发展同社会发展结合起来考虑，科学技术应当为各方面服务，但主要应为经济建设服务。这就解决了科学技术发展与经济建设的关系问题。但是，由于传统科技体制的束缚，二者在结合方面出现了种种问题。1985 年党中央颁布了《关于科技体制改革的决定》，重点是“放活科研机构、放活科研人员”。1986年出台了国家高技术研究发展计划，简称“863计划”，目的是在几个重要的高技术领域中跟踪战略性高技术发展。在我们努力跟踪世界先进水平时，以微电子技术为发展导向的新科技革命在世界范围内突飞猛进。在这种情况下，1988年9月5日，邓小平说：“马克思说过，科学技术是生产力，事实证明这话讲得很对。依我看，科学技术是第一生产力。”[1]在1990年12月《中共中央关于制定国民经济和社会发展十年规划和“八五”计划的建议》中，党中央指出要充分发挥科学技术作为第一生产力的作用，为经济和社会发展做出更大的贡献。

随着社会主义市场经济体制的发展，1993年11月党的十四届中央委员会第三次全体会议通过了《中共中央关于建立社会主义市场经济体制若干问题的决定》，强调要建立适应市场经济发展、符合科技自身发展规律、科技与经济密切结合的新体制。但是，从当时情况来看，存在着许多阻碍科技与经济结合的不利因素，主要是体制、机制因素。为了破解这些困难，1995年5月，中共中央、国务院作出《关于加速科学技术进步的决定》，提出了科教兴国战略。科教兴国战略提出的目的就是落实科学技术是第一生产力的思想，坚持教育为本，把科技和教育摆在经济和社会发展的重要位置，把经济建设转移到依靠科技进步和提高劳动者素质的轨道上来。科教兴国战略还指出了企业是技术开发的主体，这就突破了原来以科研院所为主的科技体制。

---

〔1〕邓小平：《科学技术是第一生产力》，《邓小平文选》第三卷，人民出版社1993年版，第274页。

（二）从实施科教兴国战略到建设创新型国家

在实施科教兴国战略的过程中，党和政府越来越认识到自主创新能力的重要性。正如江泽民所说："我们也必须清醒地认识到，世界上有些最先进的技术是买不来的……创新是一个民族进步的灵魂，是一个国家兴旺发达的不竭动力。如果自主创新能力上不去，一味靠技术引进，就永远难以摆脱技术落后的局面。"[1]从 1998 年开始，我国启动了"国家重点基础研究发展计划"，简称"973 计划"，这是继"863 计划"后又一重大科学发展计划，目的是从跟踪研究向自主创新研究过渡。2002 年 11 月，党的十六大将自主创新提到一个新的高度，指出要在关键领域和若干科技发展前沿掌握核心技术和拥有一批自主知识产权，要深化科技和教育体制改革，要推进国家创新体系建设。

2006 年国务院印发的《国家中长期科学和技术发展规划纲要（2006—2020 年）》提出，要努力走中国特色自主创新道路，建设创新型国家的战略决策。创新型国家的战略决策核心就是把增强自主创新能力作为发展科学技术的战略基点，把增强自主创新能力作为调整产业结构、转变增长方式的中心环节，把增强自主创新能力作为国家战略，贯穿到现代化建设的各个方面，大力推进理论创新、制度创新、科技创新。2007 年党的十七大报告又将"提高自主创新能力、建设创新型国家"确立为国家发展战略的核心和提高综合国力的关键。

党的十八大之后，党中央又提出了创新的发展理念，并将"创新"理念置于五大发展理念之首。党的十九大更是将创新发展理念作为新时

〔1〕江泽民：《实施科教兴国战略》，《江泽民文选》第一卷，人民出版社 2006 年版，第 432 页。

代坚持和发展中国特色社会主义的基本方略。党中央明确指出，创新是引领发展的第一动力，决定了发展的速度、发展的效能、发展的质量。抓住了创新，就抓住了经济社会发展的“牛鼻子”，就能从容应对国际、国内各种风险；反之，如果没有把握住创新这一根本动力，就把握不住发展的主动权。因此，我们必须瞄准世界科技前沿，强化基础研究和应用研究，推动重大领域关键方面的研究达到国际一流水平。

第七章

民主制度：中国特色社会主义政治发展道路

我们要坚定不移走中国特色社会主义政治发展道路，在坚持党的领导、人民当家作主、依法治国有机统一中推进社会主义民主政治建设，不断加强人民当家作主的制度保障，加快推进国家治理体系和治理能力现代化，充分调动人民的积极性、主动性、创造性，更加切实、更有成效地实施人民民主。

——习近平在纪念马克思诞辰200周年大会上的讲话（2018年5月4日）

发展社会主义民主政治，是中国共产党自从成立以来就孜孜以求的奋斗目标。特别是改革开放以来，我们党认真吸取“文化大革命”期间民主遭受破坏的严重教训，把民主看作社会主义的本质，努力探索民主和社会主义之间的密切关系，提出“没有民主就没有社会主义，就没有社会主义的现代化”的科学论断，逐渐探索出了一条富有中国特色的社会主义政治发展道路。

一、政治建设的历史进程

“民主”是一个非常古老的词语，在一般含义上指“多数人的统治”。现代的民主则是指一个社会根据多数人的意愿决定社会生活中的重大事件的政治制度及其运行机制。马克思、恩格斯在《共产党宣言》中指出，工人革命的第一步就是使无产阶级上升为统治阶级，争得民主。无产阶级只有夺取政权，争得自己的民主，建立自己的国家，才能真正建立并逐步实现人民自己当家作主的人民民主。列宁等人在俄国无产阶级革命的实践过程中，丰富了马克思主义的人民民主理论。一是把民主与社会主义联系起来，明确提出“没有民主，就不可能有社会主义”。二是运用人民民主理论，创立苏维埃国家政权形式。苏维埃制度的创立本身就是民主的一个重要体现，能使国家真正成为人民的国家，使国家权力掌握在人民手中。三是形成了一整套无产阶级专政体系。中国共产党从诞生之初就以“争取民主”为旗帜。在党的二大上，中国共产党提出采用无限制的普遍选举制；保障人民结社、集会、言论自由、出版自由权；改良司法制度，废止肉刑；主张工人和农民、无论男女，在各级议会市议会有无限制的选举权，言论、出版、集会、结社、罢工的绝对自由；等等。在新中国成立前后，以毛泽东同志为主要代表的中国共产党人从我国国情和具体实际出发，把人民民主推向了一个新的高度。我们党领导人民确立了人民民主专政的国体，确立了人民代表大会制度的政体，确立了中国共产党领导的多党合作和政治协商制度，确立了民族区域自治制度。

改革开放之后，以邓小平同志为主要代表的中国共产党人坚持一切从实际出发，深入探索符合中国国情的政治发展道路，通过一系列具有标志性的事件，取得了一系列重要成就。

（一）从1978年到1992年

1980年8月，邓小平发表《党和国家领导制度的改革》的讲话，初步确立了政治体制改革的指导思想和基本思路，为我国进行政治体制改革指明了方向。讲话着重指出了党和国家现行制度中存在的弊端，例如官僚主义现象、权力过分集中现象、家长制现象、干部领导职务终身制现象以及形形色色的特权现象，如果不对这些弊端进行改革就难以适应现代化建设的需要，就会严重地脱离广大群众。讲话还指出了对党和国家领导制度进行改革的步骤和措施，例如提出修改宪法的建议，考虑设立顾问委员会，建立从国务院到地方各级政府的从上到下的强有力工作系统，改变党委领导下的厂长负责制和经理负责制，等等。

1986年5月到1987年党的十三大召开，邓小平又发表了一系列关于政治体制改革的论述，这些论述指出了政治体制改革的紧迫性："我们所有的改革最终能不能成功，还是决定于政治体制的改革"[1]，"进行政治体制改革的目的，总的来讲是要消除官僚主义，发展社会主义民主，调动人民和基层单位的积极性"[2]，"这个问题太困难，每项改革涉及的人和事都很广泛，很深刻，触及许多人的利益，会遇到很多的障碍，需要审慎从事"[3]。

1987年党的十三大提出，政治体制改革的长远目标是建立高度民主、法制完备、富有效率、充满活力的社会主义政治体制；近期目标是建立有利于提高效率、增强活力和调动各方面积极性的领导体制。为了达到这些目标，就必须采取多种改革措施，例如实行党政分开、进一步下放权力、改革政府工作机构、改革干部人事制度、建立社会协商对话制度、完善社会主义民主政治的若干制度以及加强社会主义法制建设等。

（二）从1992年到2002年

1992年10月，党的十四大召开，在这次会议上我们党确立了要建立和发展社会主义市场经济的改革目标。关于政治体制改革，党的十四

〔1〕邓小平：《在全体人民中树立法制观念》，《邓小平文选》第三卷，人民出版社1993年版，第164页。
〔2〕邓小平：《关于政治体制改革问题》，《邓小平文选》第三卷，人民出版社1993年版，第177页。
〔3〕邓小平：《关于政治体制改革问题》，《邓小平文选》第三卷，人民出版社1993年版，第176页。

大报告指出："我们应当在发展社会主义民主、健全社会主义法制方面取得明显进展，以巩固和发展稳定的社会政治环境，保证经济建设和改革开放的顺利进行。"为此，要进一步完善人民代表大会制度，共产党领导的多党合作和政治协商制度，全面贯彻党的民族政策、宗教政策、侨务政策；要重视决策的科学化、民主化；要高度重视法制建设；要下决心进行行政管理体制和机构改革；加快人事劳动制度改革，逐步建立健全符合机关、企业和事业单位不同特点的分类管理体制和激励体制；推行国家公务员制度，等等。

1997 年 9 月，党的十五大召开，党的十五大报告指出："发展民主必须同健全法制紧密结合，实行依法治国。"依法治国方略的提出，意味着我们党在社会主义民主法治道路上迈出重要步伐。党的十五大报告还指出："当前和今后一段时间，政治体制改革的主要任务是：发展民主，加强法制，实行政企分开、精简机构，完善民主监督制度，维护安定团结。"在发展民主上，更为强调制度的根本性、全局性、稳定性和长期性，更为强调扩大基层民主，保证人民群众直接行使民主权利；在法制建设上提出到 2010 年形成中国特色社会主义法律体系；在机构改革上，要把企业生产经营管理的权力交给企业，要建立办事高效、运转协调、行为规范的行政管理体系；要把综合经济部门改组为宏观调控部门；在完善民主监督上，要完善监督法制，要实行公开办事制度，要加强对各级干部的监督，等等。

（三）从 2002 年到 2012 年

2002 年 11 月，党的十六大召开，这次代表大会提出了"建设社会主义政治文明”“党内民主是党的生命”等观点，特别是党的十六大报告指出了“发展社会主义民主政治，最根本的是要把坚持党的领导、人民当家作主和依法治国有机统一起来”这一根本原则。会议还指出，要改革和完善党的领导方式和执政方式；要改革和完善决策机制，推进决策科学化、民主化；要推进司法体制改革，要完善司法机关的机构设置、职权划分和管理制度，要完善诉讼程序，改革司法机关的工作机制和人财物管理体制；要加强对权力的制约和监督，等等。

2007年，党的十七大召开，在这次会议上我们党提出了“人民民主是社会主义的生命”。会议还指出，扩大人民民主，保证人民当家作主，要健全民主制度，丰富民主形式，拓宽民主渠道；发展基层民主，要对干部实行民主监督，是人民当家作主最有效、最广泛的途径，必须作为发展社会主义民主政治的基础性工程重点推进；全面落实依法治国基本方略，要保证审判机关、检察机关依法独立公正地行使审判权、检察权；加快行政管理体制改革，要建设服务型政府，要健全政府职责体系，推行电子政务，规范垂直管理部门和地方政府的关系，等等。

（四）从2012年到现在

2012年，党的十八大召开，在这次会议上我们党提出了“中国特色社会主义政治发展道路”的命题，要支持和保证人民通过人民代表大会行使国家权力，要健全社会主义协商民主制度，要完善基层民主制度，要全面推进依法治国，等等。特别是把社会主义协商民主制度提到重要位置，要“推进协商民主广泛、多层、制度化发展”，“把政治协商纳入决策程序，坚持协商于决策之前和决策之中”，“深入进行专题协商、对口协商、界别协商、提案办理协商”，等等。

2017年，党的十九大召开，这次会议对中国特色社会主义政治发展道路做了进一步发展，党的十九大报告指出：“世界上没有完全相同的政治制度模式，政治制度不能脱离特定社会政治条件和历史文化传统来抽象评判，不能定于一尊，不能生搬硬套外国政治制度模式。”在强调发挥社会主义协商民主重要作用时指出，协商民主是“我国社会主义民主政治的特有形式和独特优势”，“有事好商量，众人的事情由众人商量，是人民民主的真谛”，要“统筹推进政党协商、人大协商、政府协商、政协协商、人民团体协商、基层协商以及社会组织协商”。在深化依法治国实践中，要“成立中央全面依法治国领导小组，加强对法治中国建设的统一领导”。在深化机构和行政体制改革中，要“在省市县对职能相近的党政机关探索合并设立或合署办公”，等等。

二、扩大群众有序的政治参与

民主本身就意味着政治参与。共产党执政的本质就是领导和支持人民群众掌握管理国家的权力，实行民主选举、民主决策、民主管理和民主监督。这里的参与并不是无序的，而是有序的。扩大有序的政治参与，最重要的是不断地完善各种制度措施，从根本制度上下功夫、做文章。

（一）完善人民代表大会制度

人民代表大会制度作为我国的根本政治制度，是人民当家作主的根本保证。人民代表大会制度的核心内容就是全体人民按照民主集中制的原则，通过全国人民代表大会和地方各级人民代表大会，依法享有和行使管理国家经济、政治、文化和社会各项事务的权力，实现人民当家作主。坚持人民当家作主，就必须不断地完善人民代表大会制度。

改革开放以来，党的历次代表大会都强调要进一步完善人民代表大会制度，加强人民代表大会及其常委会的立法和监督职能，更好地发挥人民代表大会的作用。在党的十三大上，我们党提出进一步密切各级人大和群众的联系，使人大更好地代表人民；加强全国人大特别是常委会的组织建设，逐步实现委员的年轻化和专业化；完善全国人大常委会和各专门委员会的议事规则和工作程序，加强制度建设。党的十五大则重点强调了民主监督制度，提出要深化改革，完善监督法制，建立健全依法行使权力的制约机制，主要措施有：坚持公平、公正、公开的原则，直接涉及群众切身利益的部门要实行公开办事制度；把党内监督、法律监督、群众监督和舆论监督结合起来；加强对宪法、法律以及党和国家方针政策贯彻的监督；加强对各级干部特别是领导干部的监督，防止滥用权力。党的十六大强调要“优化人大常委会组成人员的结构”。党的十七大重点强调要“保障人民的知情权、参与权、表达权、监督权”，为此要“支持人民代表大会依法履行职能，善于使党的主张通过法定程序成为国家意志；保障人大代表依法行使职权，密切人大代表同人民的联系”，要求“建议逐步实行城乡按相同人口比例选举人大代表”；加强人大常委会制度建设，优化组成人员知识结构和年龄结构。党的十八大则强调“支持人大及其常委会充分发挥国家权力机关作用，依法行使立法、监督、决定、任免等职权，加强立法工作组织协调，加强对‘一府两院’的监督，加强对政府全口径预算决算的审查和监督”；要“提高基层人大代表特别是一线工人、农民、知识分子代表比例，降低党政领导干部代表比例。在人大设立代表联络结构，完善代表联系群众制度”；要“提高专职委员比例”。党的十九大则强调要“使各级人大及其常委会成为全面担负起宪法法律赋予的各项职责的工作机关，成为同人民群众保持密切联系的代表机关”。

（二）完善多党合作和政治协商制度

中国共产党领导的多党合作和政治协商制度是我国的一项基本政治制度，人民政协是实行中国共产党领导的多党合作和政治协商制度的组织形式。改革开放以来，人民群众的政治参与就与这一制度的发展完善密切结合在一起。邓小平在1979年6月召开的五届全国政协第二次会议上就指出：“人民政协是发扬人民民主、联系各方面人民群众的一个重要组织。”[1]各民主党派已经成为各自所联系的一部分社会主义劳动者和一部分拥护社会主义爱国者的政治联盟，都是在中国共产党领导下为社会主义服务的政治力量。在1982年党的十二大上，我们党将原来的“长期共存、互相监督”的方针发展为“长期共存、互相监督、肝胆相照、荣辱与共”。党的十三大指出，要“逐步使国家大政方针和群众生活重大问题的政治协商和民主监督经常化”，“进一步发挥民主党派和无党派爱国人士在国家政治生活中的作用”。1989年12月发出的《中共中央关于坚持和完善中国共产党领导的多党合作和政治协商制度的意见》指出，各民主党派是“同中共通力合作、共同致力于社会主义事业的亲密友党，是参

〔1〕邓小平：《新时期的统一战线和人民政协的任务》，《邓小平文选》第二卷，人民出版社1994年版，第187页。

政党”。“各民主党派是反映人民群众意见、发挥监督作用的一条重要渠道。”为此，要加强民主党派的作用，例如加强中国共产党和各民主党派之间的合作与协商；进一步发挥民主党派成员、无党派人士在人民代表大会中的作用；举荐民主党派成员、无党派人士担任各级政府及司法机关的领导职务；进一步发挥民主党派在人民政协中的作用。

2005 年 2 月下发的《中共中央关于进一步加强中国共产党领导的多党合作和政治协商制度建设的意见》又从多个方面提出了意见，例如：要进一步完善政治协商的内容、形式和程序；要充分发挥民主党派和无党派人士的参政议政作用；要充分发挥民主党派的民主监督作用；要加强中国共产党同党外人士的合作共事；等等。2006 年下发的《中共中央关于加强人民政协工作的意见》强调，要认真搞好人民政协的政治协商；要积极推进人民政协的民主监督；要深入开展人民政协的参政议政；切实抓好人民政协的自身建设等措施。党的十八大之后，我们党强调要运用好政治协商制度，推动政治协商向广泛、多层、制度化方向发展，形成完整的制度程序，保证人民群众广泛的参与权利。

（三）完善民族区域自治制度

我国是一个多民族国家，由 56 个民族组成，少数民族分布的地域非常广阔，资源也非常丰富。伴随着中华人民共和国的诞生，建立了民族区域自治制度。民族区域自治制度既是各少数民族人民组织和管理自己本民族政治生活的基本方式，也是各少数民族参与国家政治生活的主要途径。1982 年党的十二大提出：“进一步发展国内各民族之间平等、团结、互助的社会主义民族关系，是我国社会主义民主建设的一项重要内容。”1984年5月通过了《中华人民共和国民族区域自治法》，标志着民族区域自治制度跨入了法治化轨道，这部法律对民族自治地方设立的条件与程序、自治机关享有的自治权利、民族自治地方内的民族关系、上级机关的职责等，都作出了规定。1997年党的十五大报告确定了民族区域自治制度为我国三大基本政治制度之一。2001年，新修订的《中华人民共和国民族区域自治法》颁布，指出了民族区域自治制度是一项基本政治制度，这就使该制度在国家政治架构中的地位得到了进一步提升，这次修改进一步明确了上级机关的“责”与自治机关的“权”，构建了一个民族区域自治制度、民族区域自治法律、民族区域自治政策“三位一体”的法律体系。2005年,《国务院实施〈中华人民共和国民族区域自治法〉若干规定》颁布，民族区域自治更加突出促进经济社会发展和改善民生的新任务。2005年，我国第一次发布《中国的民族区域自治》白皮书，明确指出民族区域自治作为我们党解决民族问题的一条基本经验不容置疑，作为一项基本政治制度不容动摇，作为一大政治优势不容削弱。在这些相关法律的保障下，民族区域自治制度得到顺利发展，已建立了5个自治区、30个自治州、120个自治县（旗）、1100多个民族乡（镇），已有44个少数民族实行了民族区域自治，占少数民族人口的71%，占国土总面积的64%。民族区域自治制度符合我国国情，在维护祖国统一、领土完整，加强民族平等团结，促进民族地区发展，增强中华民族凝聚力方面发挥了重要作用。

党的十八大以来，习近平总书记高度重视民族区域自治，民族区域自治制度的地位和作用进一步得到巩固和加强。例如，民族区域自治法治化进程不断加快。民族自治地方制定了139件自治条例、753件单行条例、64件变通和补充规定，自治州享有与设区市同等的地方立法权等。例如，不断加大对民族区域自治的宣传，举办了西藏自治区成立50周年、新疆维吾尔自治区成立60周年、广西壮族自治区成立60周年、宁夏回族自治区成立60周年、内蒙古自治区成立70周年等一系列庆祝活动，2015年还发表了《民族区域自治制度在西藏的成功实践》白皮书。特别是在2014年召开的中央民族工作会议上，习近平总书记发表了重要讲话，重申民族区域自治制度是我国的一项基本政治制度，是中国共产党把马克思主义民族理论同中国实际相结合的产物，旗帜鲜明地指出“取消民族区域自治制度这种说法可以休矣”！明确了民族区域自治是党的民族政策的源头和根本，党的民族政策由此而来、依此而存；坚持和完善民族区域自治要坚持统一和自治相结合、民族因素和区域因素相结合；落实民族区域自治制度的关键是帮助自治地方发展经济、改善民生等等。这些重要论述是在新形势下不断推动民族区域自治制度完善发展的科学指南。

（四）完善基层群众自治制度

我国基层群众自治制度主要包括两个方面，即农村村民自治、城市居民自治。农村村民自治是广大农民通过自治组织实现自我管理、自我服务、自我监督的一项基本政治制度。1982年宪法确认了村委会作为基层群众自治组织的法律地位。1983年中共中央、国务院发出《关于实行政社分开建立乡政府的通知》，正式宣告人民公社体制的终结。1987年《村民委员会组织法（试行）》颁布执行，村民自治以法律形式被确定下来。1988年，民政部开始在全国范围内组织乡村选举，村民自治进入制度化运作阶段。1998年《中华人民共和国村民委员会组织法》颁布，

“民主选举、民主决策、民主管理、民主监督”为主要内容的村民自治制度被确定下来。2007 年，党的十七大报告指出，人民依法直接行使民主权利，管理基层公共事务和公益事业，实行自我管理、自我服务、自我教育、自我监督，对干部实行民主监督，是人民当家作主最有效、最广泛的途径，必须作为发展社会主义民主政治的基础性工程重点推进。基层群众自治制度首次纳入中国特色政治制度范畴。2009 年党中央、国务院发出了《关于加强和改进村民委员会选举工作的通知》，从村民委员会选举前的各项准备工作、选举程序、选举后续工作、坚决查处选举中的贿选等违法违纪行为等方面对农村的选举作了明确的说明，保证了选举的公正有序，保障了村民民主权利的落实。

城市居民自治与农村村民自治是中国基层民主制度的两大基石。1982 年城市居民委员会作为基层自治组织被载入宪法，宪法明确规定了居民委员会的性质、任务和作用。1989 年通过了《中华人民共和国城市居民委员会组织法》，标志着城市基层群众自治制度有了专门的法律。1999 年 1 月，民政部制订了《全国社区建设试验区工作实施方案》，提出了“社区建设”，并启动了社区建设的工程。2000 年 11 月，中央办公厅转发了《民政部关于在全国推进城市社区建设的意见》，指出社区建设的根本方向是社区居民自治，基本内容是实行民主选举、民主决策、民主管理、民主监督，这一文件的颁布意味着社区建设进入了全面推进阶段。2010 年 11 月，中央办公厅、国务院办公厅印发了《关于加强和改进城市社区居民委员会建设工作的意见》，这是党中央、国务院第一次对城市基层社会建设发文件，对社区居民委员会建设的各项问题提出了硬性标准，推动了居民委员会的发展。

党的十八大以来，以习近平同志为核心的党中央高度重视基层群众自治制度，坚持在城乡社区治理、基层公共事务和公益事业中实行群众自我管理、自我服务、自我教育、自我监督是人民依法直接行使民主权利的重要方式。党的十八大报告强调，要健全基层党组织领导的充满活力的基层群众自治机制，重点是“扩大有序参与、推进信息公开、加强议事协商、强化权力监督”。

党的十九大报告则更进一步突出党的基层组织在群众自治制度中的作用，提出党的基层组织是确保党的路线方针政策和决策部署贯彻落实的基础。要以提升组织力为重点，突出政治功能，把企业、农村、机关、学校、科研院所、街道社区、社会组织等基层党组织建设成为宣传党的主张、贯彻党的决定、领导基层治理、团结动员群众、推动改革发展的坚强战斗堡垒。2019 年 9 月通过的《中国共产党农村工作条例》更是对党在农村社会主义民主政治建设的领导做出了详细说明，即完善基层民主制度，深化村民自治实践，健全村党组织领导的充满活力的村民自治机制，丰富基层民主协商形式，保证农民依法实行民主选举、民主协商、民主决策、民主管理、民主监督。严厉打击农村黑恶势力、宗族恶势力，严厉打击各类违法犯罪，严厉打击暴力恐怖活动，保障人民生命财产安全，促进农村社会公平正义。坚决取缔各类非法宗教传播活动，巩固农村基层政权。

三、完善社会主义法治保障

中国特色社会主义民主离不开法治，必须有法治的保障。改革开放之初，邓小平就指出社会主义民主必须制度化、法制化，他说："为了保障人民民主，必须加强法制。必须使民主制度化、法律化，使这种制度和法律不因领导人的改变而改变，不因领导人的看法和注意力的改变而改变。"[1]"要加强民主就要加强法制。没有广泛的民主是不行的，没有健全的法制也是不行的。"[2]也就是说，如果不把人民群众的民主权利上升为法律制度，使这种制度具有稳定性和权威性，人民群众的民主权利就没有办法得到保障。

（一）科学立法

科学立法就是要加强立法，提高立法质量，使得国家的经济、政治、文化等社会生活的方方面面都有相应的法律法规加以规范。1979 年五届全国人大二次会议通过了《中华人民共和国刑法》《中华人民共和国刑事诉讼法》《中华人民共和国地方各级人民代表大会和地方各级人民政府组织法》《中华人民共和国全国人民代表大会和地方各级人民代表大会选举法》《中华人民共和国人民法院组织法》《中华人民共和国人民检察院组织法》和《中华人民共和国中外合资经营企业法》七部重要法律。1982 年五届全国人大五次会议通过了《中华人民共和国宪法》（简称"八二宪法"）。在党的十二大到十四大召开，我国的立法在多个领域展开，例如：在宪法以及宪法相关法方面，1988 年对"八二宪法"进行了修改，制定修改了《中华人民共和国民族区域自治法》《中华人

〔1〕邓小平：《解放思想，实事求是，团结一致向前看》，《邓小平文选》第二卷，人民出版社 1994 年版，第 146 页。
〔2〕邓小平：《民主和法制两手都不能削弱》，《邓小平文选》第二卷，人民出版社 1994 年版，第 189 页。

民共和国村民委员会自治法》《中华人民共和国选举法》《中华人民共和国集会游行示威法》等法律；在刑法、行政法、社会法、民商法等方面都制定和修改了一批重要法律，基本上改变了无法可依的局面。在党的十四大到十六大召开这段时期，1993 年和 1999 年形成第二个和第三个宪法修正案；形成了与市场经济体制相配套的一系列法律，例如《中华人民共和国公司法》《中华人民共和国商业银行法》《中华人民共和国预算法》《中华人民共和国价格法》《中华人民共和国合同法》《中华人民共和国信托法》《中华人民共和国农村土地承包法》等；在政治、文化、社会、生态文明等方面也出台了一些法律，例如《中华人民共和国行政处罚法》《中华人民共和国行政监察法》《中华人民共和国教育法》《中华人民共和国行政复议法》《中华人民共和国高等教育法》《中华人民共和国防沙治沙法》《中华人民共和国环境影响评价法》等。在这一阶段中国特色社会主义法律体系进入了“初步形成”的阶段。从党的十六大开始到 2011 年，2004 年通过第四个宪法修正案；经济方面制定了《中华人民共和国物权法》《中华人民共和国反垄断法》《中华人民共和国反洗钱法》等法律；在其他方面出台了《中华人民共和国各级人民代表大会常务委员会监督法》《中华人民共和国公务员法》《中华人民共和国劳动合同法》《中华人民共和国就业促进法》《中华人民共和国可再生能源法》等法律。到 2011 年 8 月底，我国已制定现行宪法和有效法律 240 部、行政法规 706 部、地方性法规 8600 多部，形成了中国特色社会主义法律体系。从 2011 年到现在，中国特色社会主义法律体系进入了完善发展阶段，党和国家采用立、改、废、释并举的方针，进行进一步的完善。到目前为止，我国已经形成了 250 多部法律、700 多部行政法规、

9000 多部地方性法规、11000 多部行政规章。

（二）严格执法

行政机关作为国家权力机关的执行机关，是实施宪法法律的重要主体。行政机关的执法水平直接关系人民群众的切身利益，直接关系党和政府的公信力，依法治国目标的实现很大程度上取决于法治政府建设的进度和质量。

改革开放以来，党和国家非常重视法治政府建设。1986 年 9 月通过的《中华人民共和国治安管理处罚条例》规范了政府的权力行使，要求国家机关依法行政。1987 年党的十三大报告强调要加强行政立法建设。1994 年 5 月通过的《中华人民共和国赔偿法》促使国家依法行使权力。1996 年 10 月颁布的《中华人民共和国行政处罚法》对行政处罚的设定和实施作出了规定。2000 年 7 月通过《中华人民共和国立法法》，明确立法活动的权限、原则和实施程序，为法治政府建设提供了法制层面的支撑。2007 年党的十七大报告要求加快建设社会主义法治国家。2008 年 2 月，党的十七届二中全会通过的《关于深化行政管理体制改革的意见》提出要切实转变政府职能，加快行政管理体制改革。2008 年 5 月《政府信息公开条例》指出要遵循公正、便民的原则，提升政府工作的透明度。2010 年国务院颁发了《关于加强法治政府建设的意见》，强调要不断提升政府的执行力和公信力。

党的十八大将法治政府建设上升到依法治国的战略高度，确立为治国理政的基本目标和主要内容。党的十八届三中全会强调深化行政体制改革和转变政府职能，坚持法治国家、法治政府、法治社会“三位一体”的整体布局。2014 年 10 月，党的十八届四中全会对法治政府建设提出了明确要求和具体任务。2015 年 12 月，中共中央、国务院印发了《法治政府建设实施纲要（2015 —2020 年）》，明确了法治政府建设的指导思想、基本原则、总体目标和衡量标准。

（三）公正司法

公正是法治的生命线。司法公正对社会公正具有重要引领作用，司法不公对社会公正具有致命的破坏作用。所谓公正司法，就是受到侵害的权利一定会得到保护和救济，违法犯罪活动一定要受到制裁和惩罚。如果人民群众通过司法程序不能维护自己的合法权利，那司法就没有公信力，人民群众也不会相信司法。

改革开放以来，我们党和国家不断地推进司法体制改革。1988 年 6 月，第十四次全国法院工作会议指出，要搞好法院改革，推进法院工作规范化、标准化，要认真执行公开审判制度，推进合议庭工作，强调当事人的举证责任。1995 年颁布了《中华人民共和国法官法》，该法的颁布使得人们对司法权的独立性、终局性和中立性有了深刻认识，同时也认识到法官的职业性和特殊性。1999 年第一个《人民法院五年改革纲要》颁布，提出要从审判方式、审判组织形式、内部机构设置等方面进行改革。2003 年 5 月，中央司法体制改革领导小组成立，在全国范围内统一司法改革的行动。2004 年 12 月出台了《中央司法体制改革领导小组关于司法体制和工作机制改革的初步意见》，文件对司法干部管理、律师制度和司法机关经费保障等方面作出了明确规定。2007 年党的十七大报告指出要“优化司法职权配置，规范司法行为，建设公正高效权威的社会主义司法制度”。

党的十八大之后，是司法体制改革的一个关键时期，在此之前司法体制改革主要停留在司法系统内部，还没有关注影响司法公正的外部因素。党的十八大之后，习近平总书记多次指出，让司法真正发挥维护社会公平正义最后一道防线的作用，努力让人民群众在每一个司法案件中感受到公平正义。为此，在全面推进依法治国的背景下，司法体制改革重点体现在：要排除对司法办案人员的干扰，发布《领导干部干预司法活动、插手具体案件处理的记录、通报和责任追究规定》；落实司法责任制，实行案件责任终身制；最高法院设立巡回法庭，实现最高审判机关重心下移；提高司法从业人员的职业保障待遇，增强其荣誉感和积极性等。

（四）全民守法

全民守法，就是任何组织或者个人都必须在宪法和法律范围内活动，任何公民、社会组织和国家机关都要以宪法和法律为行为准则，依照宪法和法律行使权利或权力、履行义务或职责。推动全社会树立法治意识，使全体人民都成为社会主义法治的忠实崇尚者、自觉遵守者、坚定捍卫者。在全社会广泛开展法治宣传教育活动，推进全民普法活动深入人心，使全民守法成为每个社会成员的自觉行动。从 1986 年开始，党和政府都在坚持不懈地推进全民普法工作，已经实施了六个全民普法五年规划，现在进入了“七五”普法阶段。在普法的过程中，还重视从“娃娃抓起”。自从“三五”普法以来，全国大中小学都开设了法治教育课程，逐渐形成学校、家庭、社会相互连接的法治教育网络。此外，还非常重视在实践中，在每一个重大司法案件中不失时机地推进法治教育。在各个地方积极推进法官、检察官、行政执法人员、律师等“以案释法”活动，这些活动进机关、进乡村、进社区、进学校、进企业、进单位，到网站、微博、微信等各种新的渠道。2014 年，十二届全国人大常委会通过决议，将 12 月 4 日设立为国家宪法日。将设立国家宪法日作为一个重要的仪式，就是要传递依照宪法治国、依照宪法执政的理念，就是要让宪法内化于人民群众心中。

四、中国式的协商民主

中国式的协商民主是中国共产党人在政治体制改革过程中的伟大创造。正如习近平总书记所说：“社会主义协商民主，是中国社会主义民主政治的特有形式和独特优势，是中国共产党的群众路线在政治领域的重要体现。”[1] 2006 年是协商民主发展历史上具有标志性的一年，在《中共中央关于加强人民政协工作的意见》中，我们党改变了以往将协商只局限在共产党领导、多党合作，共产党执政、多党派参政，不涉及其他利益群体的提法，特别强调“人民通过选举、投票行使权利和人民内部各方面在重大决策之前进行充分协商，尽可能就共同性问题取得一致意见，是我国社会主义民主的两种重要形式”。从这里能够看出，“人民内部”不仅包括各个政党，而且包括一切阶层、集团。2012 年党的十八大报告首次提出了“社会主义协商民主”的概念，2015 年党中央专门印发

〔1〕习近平：《在庆祝中国人民政治协商会议成立 65 周年大会上的讲话》，《人民日报》2014 年 9 月 22 日。

《关于加强社会主义协商民主建设的意见》，指出了社会主义协商民主建设的重要意义、指导思想、基本原则和渠道程序，2017年党的十九大报告指出："协商民主是实现党的领导的重要方式，是我国社会主义民主政治的特有形式和独特优势。"在国家的政治生活中，协商民主对促进决策科学化和民主化、平衡协调各方面利益、凝聚建设中国特色社会主义事业最大共识发挥着独特的作用。

（一）党内协商

党内协商就是充分发挥党内民主。中国共产党党内协商的总体思路是以保障党员民主权利为基础，以完善党的代表大会制度和委员会制度为重点，以最大限度地调动党员和党组织积极性为根本目的。

在保障党员民主权利方面，改革开放以来，党中央做了许多探索。1995年党中央颁布了《中国共产党党员权利保障条例（试行）》；2004年党中央又作了修订，对党员权利的具体内涵、行使途径和保障办法等作出了新的规定。在健全党的代表大会制度和委员会制度方面，改革开放之后，我们党确立了稳定的代表大会制度，从党的十二大开始每隔五年定期召开一次；完善了代表大会议事规则，从代表的选举，议案的提出，会议文件的起草、审议、通过以及领导机构的选举等，形成了一套科学、合理的规则；完善党委内部的议事和决策机制，例如完善了党的委员会和常委会之间的权责界限，在党委会和常委会内部，书记和委员都是平等的一员，严格实行一人一票的表决制，等等。在完善党内监督方面，完善党的代表大会对党委会的监督，健全党的组织对党员个人、党的各级领导集体对班子领导成员的监督，健全上级组织对下级组织的监督，健全党的纪检机构的监督，等等。2012 年党的十八大报告重申了“党内民主是党的生命”的科学论断，并确立了发展党内民主的重要思路，即以健全党内民主制度体系为突破口，多管齐下发展党内民主，主要包括健全党员民主权利保障制度、完善党的代表大会制度、党内选举制度、党内民主决策机制、党内基层民主制度等五个方面的具体措施。2016 年 10 月，党的十八届六中全会通过了《关于新形势下党内政治生活的若干准则》，来规范党内政治生活的政治性、时代性、原则性、战斗性，着力提高党的领导水平和执政水平。

（二）社会协商

我们党在社会协商方面取得了一系列的成绩，同时还有许多方面需要进一步努力，主要体现在以下四个方面。

1. 拓宽国家政权机关的协商渠道

现在国家政权机关已经在协商民主上有了许多新的尝试。在人大，协商民主主要体现在人大代表选举、立法工作、审议重大问题和作出重要决定、人事任免、人大代表议案工作等方面。在立法工作上，越来越多的人大立法实行了开门立法，建立了立法论证、听证、评估制度，公布法律法规草案征求社会各方面意见。在审议重大问题或作出重大决定时，举行听证会。在政府工作中，协商民主主要包括社会公示、听证、专家咨询以及重大决策前与社会各界充分协商等制度。人大和政府还应当不断总结经验，继续拓宽协商范围和渠道，健全协商制度，充分提高和调动公众参与协商的意识和热情。

2. 发挥统一战线在协商民主中的重要作用

政治协商在中国共产党领导的多党合作和政治协商制度中有两种基本方式：一种是中国共产党与各民主党派之间的政治协商，主要体现为政党之间的协商；一种是中国共产党在人民政协同各民主党派和各界代表人士的协商，体现为更大范围内的协商。今后要继续发挥统一战线在协商民主中的重要作用，完善民主党派直接向中共中央提建议制度；完善知情通报、定期联系沟通、协商成果反馈等制度。

3. 积极开展基层民主协商

我国的基层民主协商以村、社区和企业为实施单位展开，人口规模小、分布相对集中，协商贯穿于基层选举、决策、管理和监督各方面。常用的形式主要有村（居）民会议、村（居）民代表会议、社区论坛、民主听（议）证会、民主恳谈会等。要不断规范各种协商形式的职权、范围、召集方式，制定自治章程、理财制度、村（居）务公开等制度，设立监督小组，不断完善基层群众自治的选举、决策、管理和监督制度。重视社会组织在沟通、对话、谈判、调解中的协商渠道和平台建设，完善各类会议旁听制度，改进群众来信来访等方式，使协商渠道更为多样和丰富。制定和完善相关的法律法规，保障公民利用网络资源进行政治参与的各项权利，建立政府和网民的对话协商制度和引导网民理性讨论制度等，促进网络协商民主健康发展。

4. 完善人民政协制度体系，提高协商实效

2014 年 9 月，习近平总书记在庆祝中国人民政治协商会议成立 65 周

年大会上的讲话中指出："人民政协要发挥作为专门协商机构的作用，把协商民主贯穿履行职能全过程，推进政治协商、民主监督、参政议政制度建设，不断提高人民政协协商民主制度化、规范化、程序化水平，更好协调关系、汇聚力量、建言献策、服务大局。"[1]着力点有以下三个方面：一是明确协商内容。主要是：国家和地方的大政方针以及政治、经济、文化和社会生活中的重要问题；各党派参加人民政协工作的共同性事务，政协内部的重要事务以及有关爱国统一战线的其他重要问题。二是拓展协商民主形式。更加活跃有序地组织专题协商、对口协商、界别协商、提案办理协商，增加协商密度，还要探索建立双周协商座谈会制度。三是规范协商程序。制订年度协商计划。列入协商计划的重点议题应是政协闭会期间需要邀请党委、政府或有关部门负责同志，与政协委员等协商的经济社会发展的重大问题和涉及群众切身利益的实际问题。党委、政府及有关部门对政协报送的意见和建议要认真研究处理，并及时反馈。

〔1〕习近平：《在庆祝中国人民政治协商会议成立65周年大会上的讲话》，《人民日报》2014年9月22日。

第八章

精神指引：中国特色社会主义文化发展道路

要坚持走中国特色社会主义文化发展道路，弘扬社会主义先进文化，深化文化体制改革，推动社会主义文化大发展大繁荣，增强全民族文化创造活力，让一切文化创造源泉充分涌流。

——习近平在十八届中央政治局第十二次集体学习时的讲话（2013 年 12 月 30 日）

文化是民族的血脉，是人民的精神家园。中国共产党历来重视文化工作。不论是在革命、建设时期还是改革时期，我们党始终把文化建设放在党和国家工作中的重要位置。特别是改革开放之后，我们对文化建设的认识更为深刻，视野更为开阔，高度重视文化自身的独立性以及文化在社会主义事业总体布局中的基础性作用，坚持物质文明和精神文明两手抓，坚持依法治国和以德治国相结合，促进文化事业和文化产业共同发展，努力建设社会主义文化强国，走出了一条有中国特色的社会主义文化发展道路。

一、文化建设的历史进程

（一）几个文化命题

首先是“社会主义精神文明”的提出。最早提出“社会主义精神文明”的是叶剑英，他在庆祝中华人民共和国成立30周年大会上的讲话中指出：“我们要在建设高度物质文明的同时，提高全民族的教育科学文化水平和健康水平，树立崇高的革命理想和革命道德风尚，发展高尚的丰富多彩的文化生活，建设高度的社会主义精神文明。”1980年12月

20 日召开的中央工作会议，把精神文明建设列为重要议题。邓小平指出："我们要建设的社会主义国家，不但要有高度的物质文明，而且要有高度的精神文明。……没有这种精神文明，没有共产主义思想，没有共产主义道德，怎么能建设社会主义？"[1]党的十二大报告对社会主义精神文明作了全面论述，指出社会主义精神文明是社会主义的重要特征，是社会主义制度优越性的重要表现，要把建设社会主义精神文明作为我们党的一个重要奋斗目标。社会主义精神文明建设大体可以分为文化建设和思想建设两个方面，这两个方面是互相渗透和互相促进的。

江泽民提出了"有中国特色社会主义的文化"。他在党的十五大报告中指出："有中国特色社会主义的文化，就其主要内容来说，同改革开放以来我们一贯倡导的社会主义精神文明是一致的。""在全社会形成共同理想和精神支柱，是有中国特色社会主义文化建设的根本。要始终不渝地用邓小平理论教育干部和群众。深入持久地开展以为人民服务为核心、集体主义为原则的社会主义道德教育，加强民主法制教育和纪律教育，引导人们树立正确的世界观、人生观、价值观。大力弘扬爱国主义、集体主义、社会主义和艰苦创业精神。提倡共产主义思想道德，同时把先进性要求和广泛性要求结合起来，鼓励一切有利于国家统一、民族团结、经济发展、社会进步的思想道德。发扬社会主义的人道主义精神。"

进入 21 世纪，江泽民还提出了"先进文化"的概念。他在庆祝中国共产党成立 80 周年大会上的讲话中指出："我们党要始终代表中国先

〔1〕邓小平：《贯彻调整方针，保证安定团结》，《邓小平文选》第二卷，人民出版社 1994 年版，第 367 页。

进文化的前进方向，就是党的理论、路线、纲领、方针、政策和各项工作，必须努力体现发展面向现代化、面向世界、面向未来的，民族的科学的大众的社会主义文化的要求。”[1]面向现代化是文化建设的着眼点，要服务于经济建设这个中心；面向世界是文化建设的胸怀，要把世界上的一切优秀文化成果吸收进来；面向未来是文化建设的前瞻性，要把握时代的脉搏，认清时代发展的历史趋势。“民族的”“科学的”“大众的”分别指出了中国特色社会主义文化是根植于中华民族5000多年文明史的；是反映客观世界的发展规律，反对封建迷信和伪科学的；是根植于人民大众、服务于人民大众的。

2006年，胡锦涛提出了“和谐文化”的概念。他说：“要更好构建和谐社会，就必须在社会主义先进文化引领下，大力建设和谐文化，广泛动员人民群众投身和谐社会建设。和谐文化既是和谐社会的重要特征，也是实现社会和谐的精神动力。建设和谐文化，是构建社会主义和谐社会的重要任务，也是构建社会主义和谐社会的重要条件。”[2]他把建设和谐文化作为现阶段文化工作的主题，指出在新的历史条件下，全体文化工作者要将建设和谐文化作为自己的庄严使命。

2016年，习近平总书记提出了“文化自信”的概念。他说：“文化自信，是更基础、更广泛、更深厚的自信，是更基本、更深沉、更持久的力量。坚定文化自信，是事关国运兴衰、事关文化安全、事关民族精神独立性的大问题。没有文化自信，不可能写出有骨气、有个性、有神

〔1〕江泽民：《在庆祝中国共产党成立八十周年大会上的讲话》，《江泽民文选》第三卷，人民出版社2006年版，第276页。

〔2〕胡锦涛：《在社会主义先进文化引领下建设和谐文化》，《胡锦涛文选》第二卷，人民出版社2016年版，第539页。

采的作品。”[1]因此，要善于从中华文化宝库中萃取精华、汲取能量，保持对自身文化理想、文化价值的高度信心，保持对自身文化生命力、创造力的高度信心。

（二）几个文化决议

1986年9月，党的十二届六中全会召开，会议通过了《中共中央关于社会主义精神文明建设指导方针的决议》。这次会议阐述了精神文明建设在社会主义现代化建设总体布局中的战略地位，指出以马克思主义为指导的社会主义精神文明是社会主义社会的重要特征，精神文明为物质文明的发展提供精神动力和智力支持。社会主义精神文明建设的根本任务，是适应社会主义现代化建设的需要，培育有理想、有道德、有文化、有纪律的社会主义公民，提高整个中华民族的思想道德素质和科学文化素质。会议还指出，把我国建设成为高度文明、高度民主的社会主义现代化国家，是现阶段我国各族人民的共同理想，要用这个共同理想动员和团结全国各族人民；要树立和发扬社会主义的道德风尚，即爱祖国、爱人民、爱劳动、爱科学、爱社会主义；高度民主是社会主义的伟大目标之一，也是社会主义精神文明在国家社会生活中的重要体现，要加强社会主义民主、法制、纪律的教育；科学教育文化是物质文明建设的重要条件，也是提高人民群众思想道德觉悟水平的重要条件，要大力普及和提高教育科学文化；坚持以马克思列宁主义、毛泽东思想为指导，是我国社会主义现代化事业的根本，也是社会主义精神文明建设的

〔1〕习近平：《要有高度的文化自信》，《习近平谈治国理政》第二卷，外文出版社2017年版，第349页。

根本，要坚持马克思主义在精神文明建设中的指导地位；各级党组织和广大党员在精神文明建设中的责任，是要加强自身的精神文明建设，特别是搞好党风，还要以模范行动和艰苦工作，组织和推动全社会的精神文明建设。

1996 年党的十四届六中全会召开，会议通过了《中共中央关于加强社会主义精神文明建设若干重要问题的决议》。这个决议指出，加强社会主义精神文明建设是中国共产党和中国人民面临的一项艰巨任务，关系跨世纪宏伟蓝图的实现和社会主义事业的兴旺发达。会议指出了社会主义精神文明建设的指导思想和奋斗目标，例如：今后 15 年的奋斗目标是在全民族牢固树立建设有中国特色社会主义的共同理想，牢固树立坚持党的基本路线不动摇的坚定信念；实现以思想道德修养、科学教育水平、民主法制观念为主要内容的公民素质的显著提高，等等。会议强调，社会主义思想道德集中体现着精神文明建设的性质和方向，建设和发展有中国特色的社会主义，最终目标是实现共产主义，应当在全社会认真提倡社会主义、共产主义思想道德。会议指出，要积极发展社会主义文化事业，满足人民群众日益增长的精神文化需求；社会主义精神文明建设是群众性的事业，深入开展群众性的精神文明创建活动，对移风易俗、改造社会、实现两个文明建设的有机结合具有重大作用；建设物质文明关键在党，建设社会主义精神文明关键也在党。

2011 年 10 月，党的十七届六中全会召开，会议通过了《中共中央关于深化文化体制改革推动社会主义文化大发展大繁荣若干重大问题的决定》。会议指出了在新形势下推进文化改革发展的重要性和紧迫性，从“四个更加”“四个越来越”“三个关系”上集中阐述了推进文化改革发展的重要意义。会议强调了推进文化改革发展的指导思想以及建设社会主义文化强国的总体要求，例如总体要求是要着力推进社会主义先进文化更加深入人心，不断开创全民族文化创造活力持续迸发、社会文化生活更加丰富多彩、人民基本文化权益得到更好保障、人民思想道德素质和科学文化素质全面提高，等等。会议还强调了推进文化改革发展的若干重大部署，社会主义核心价值体系是兴国之魂，是社会主义先进文化的精髓，决定着中国特色社会主义发展方向；创作生产更多无愧于历史、无愧于时代、无愧于人民的优秀作品，是文化繁荣发展的重要标志；加强文化基础设施建设，满足人民基本文化需求是社会主义文化建设的基本任务；加快发展文化产业，推动文化产业成为国民经济支柱性产业；推动社会主义文化大发展大繁荣，队伍是基础，人才是关键；各级党委和政府要切实担负起文化改革发展的政治责任，把文化发展摆在全局工作的重要位置，纳入经济社会发展总体规划，纳入科学发展考核评价体系。

实践发展永无止境，文化体制改革只有进行时，没有完成时。党的十八大提出全面建成小康社会的要求，给文化体制改革提出了新的要求，注入了新的动力。2013 年 11 月发布的《中共中央关于全面深化改革若干重大问题的决定》指出，要继续推进文化体制机制创新。因为只有深化文化体制改革，不断增强改革的系统性、整体性、协同性，发挥市场在文化资源配置中的积极作用，激发全社会文化创造热情，才能满足全面建成小康社会伟大进程中人民群众不断增长的精神文化需求。为此，在完善文化管理体制方面，要按照政企分开、政事分开原则，推动政府部门由办文化向管文化转变，推动党政部门与其所属的文化企事业单位进一步理顺关系；在建立健全现代文化市场体系方面，要完善文化市场准入和退出机制，鼓励各类市场主体公平竞争、优胜劣汰，促进文化资源在全国范围内流动；在构建现代公共文化服务体系方面，要建立公共文化服务体系建设协调机制，统筹服务设施网络建设，促进基本公共文化服务标准化、均等化；在提高文化开放水平方面，要扩大对外文化交流，加强国际传播能力和对外话语体系建设，支持重点媒体面向国内国际发展，培育外向型文化企业，支持文化企业到境外开拓市场等等。

二、建设具有凝聚力的社会主义意识形态

随着改革开放的深入发展，西方各种思想观念也随着资金、技术的引进进入我国，一方面开阔了人们的思维，使得人们了解了世界上一些不同的思想观念和体系；另一方面也产生一些问题，例如有的人盲目崇拜西方资本主义国家，盲目追求西方的生活方式，并借助这些思想观念和体系来否定社会主义。在这种情况下，我们党提出了建设高度的社会主义精神文明的重大任务。

（一）加强社会主义精神文明建设

以邓小平同志为主要代表的中国共产党人将建设高度的社会主义精神文明作为社会主义现代化的重要任务。党的十二大报告指出，社会主义精神文明是社会主义的重要特征。社会主义精神文明大体上包含两个方面：一方面是文化建设，“文化建设指的是教育、科学、文学艺术、

新闻出版、广播电视、卫生体育、图书馆、博物馆等各项文化事业的发展和人民群众知识水平的提高，它既是建设物质文明的重要条件，也是提高人民群众思想觉悟和道德水平的重要条件。文化建设也应当包括健康、愉快、生动活泼、丰富多采的群众性娱乐活动，使人民在紧张劳动后的休息中，得到有高尚趣味的精神上的享受”[1]。

另一方面是思想建设，“它的主要内容，是工人阶级的、马克思主义的世界观和科学理论，是共产主义的理想、信念和道德，是同社会主义公有制相适应的主人翁思想和集体主义思想，是同社会主义政治制度相适应的权利义务观念和组织纪律观念，是为人民服务的献身精神和共产主义的劳动态度，是社会主义的爱国主义和国际主义，等等。概括起来说，最重要的就是革命的理想、道德和纪律”[2]。在指出了社会主义精神文明建设的主要内容之后，明确提出一定要狠抓精神文明建设：“我们一定要用最大的努力，适应建设时期的新的条件和情况，把建设社会主义精神文明的工作认真做好，用革命的思想和革命的精神振奋起广大群众建设社会主义的巨大热情。”[3]

在精神文明建设上，邓小平强调要“坚持两个文明一起抓、两手都要硬”。虽然党的十二大报告对社会主义精神文明建设进行了一系列部署，但是在现实中人们对精神文明的重要性还缺乏足够认识，实际工作中指导方针的问题还没有完全解决，党内和社会上还存在一些严重的消

〔1〕胡耀邦：《全面开创社会主义现代化建设的新局面》，《十二大以来重要文献选编》（上），人民出版社1986年版，第29页。
〔2〕胡耀邦：《全面开创社会主义现代化建设的新局面》，《十二大以来重要文献选编》（上），人民出版社1986年版，第30页。
〔3〕胡耀邦：《全面开创社会主义现代化建设的新局面》，《十二大以来重要文献选编》（上），人民出版社1986年版，第33页。

极现象。为此，1986 年党中央根据改革发展的要求和建设精神文明中的问题，又专门召开会议研究精神文明建设问题。这次会议突出的一点是从社会主义现代化建设总体布局的高度去认识精神文明，指出我国社会主义现代化建设的总体布局是：以经济建设为中心，坚定不移地进行经济体制改革，坚定不移地进行政治体制改革，坚定不移地加强精神文明建设，并且使这几个方面互相配合，互相促进。还进一步指出，加强精神文明建设，不单是思想文教部门的任务，而且是各条战线和一切部门的任务，是全党全军和全国各族工人、农民、知识分子和其他劳动者、爱国者的共同的长期的任务。

随着社会主义市场经济体制的确立，经济社会发展被注入了强大的活力，但是市场的缺陷和消极因素也反映到人们的思想意识和人与人的关系中来，产生了拜金主义、享乐主义和个人主义等。同时，东欧剧变、苏联解体之后，国际敌对势力加紧对中国推行“西化”“分化”战略。在这种情况下，以江泽民同志为主要代表的中国共产党人认识到，要把社会主义精神文明建设提高到更加突出的地位。江泽民指出：“许多同志都在考虑这样一个问题：邓小平同志对两个文明一起抓、两手都要硬作过那么多的指示，一再批评‘一手硬、一手软’的现象，这几年中央又一再要求从各方面加强社会主义精神文明建设，为什么有的领导干部至今仍然重视不够、执行不力呢？……这有多方面的原因。我看很重要的一条是在思想上没有解决问题，对两个文明的关系缺乏全面理解，对精神文明建设的重要性认识不足。”[1] 为此，1996 年党的十四届六

〔1〕江泽民：《努力开创社会主义精神文明建设的新局面》，《江泽民文选》第一卷，人民出版社 2006 年版，第 574—575 页。

中全会通过的《中共中央关于加强社会主义精神文明建设若干重要问题的决议》对此作了一系列的安排。进入21世纪后，以胡锦涛同志为主要代表的中国共产党人也非常重视社会主义精神文明建设，他说："中国特色社会主义是全面发展、全面进步的事业，是物质文明和精神文明相辅相成、协调发展的事业。物质贫乏不是社会主义，精神空虚也不是社会主义。""任何时候都不能以牺牲精神文明为代价换取经济的一时发展。"[1]

党的十八大以来，以习近平同志为核心的党中央高度重视社会主义精神文明建设，将精神文明建设放在统筹推进"五位一体"总体布局和协调推进"四个全面"战略布局的重要位置。2013年4月28日，习近平总书记在同全国劳动模范代表座谈时指出："实现我们的发展目标，不仅要在物质上强大起来，而且要在精神上强大起来。"[2]2013年5月4日，习近平总书记在同各界优秀青年代表座谈时指出："中国特色社会主义是物质文明和精神文明全面发展的社会主义。一个没有精神力量的民族难以自立自强。"[3]2013年8月19日，习近平总书记在全国宣传思想工作会议上指出："只有物质文明建设和精神文明建设都搞好，国家物质力量和精神力量都增强，全国各族人民物质生活和精神生活都改善，中国特色社会主义事业才能顺利向前推进。"[4]2015年2月28日，习近平总书记在会见第四届全国文明城市、文明村镇、文明单位和未成年人思想道德建设工作先进代表时的讲话中又一次指出："实现中华民族伟大复兴的中国

〔1〕胡锦涛：《在纪念党的十一届三中全会召开三十周年大会上的讲话》，《十七大以来重要文献选编》（上），中央文献出版社2009年版，第802页。
〔2〕习近平：《在同全国劳动模范代表座谈时的讲话》，《人民日报》2013年4月29日。
〔3〕《习近平同各界优秀青年代表座谈时的讲话》，《人民日报》2013年5月5日。
〔4〕习近平：《胸怀大局把握大势着眼大事 努力把宣传思想工作做得更好》，《人民日报》2013年8月21日。

梦，物质财富要极大丰富，精神财富也要极大丰富。我们要继续锲而不舍、一以贯之抓好社会主义精神文明建设，为全国各族人民不断前进提供坚强的思想保证、强大的精神力量、丰润的道德滋养。”〔1〕

从这些重要论述中，我们能看到之所以强调社会主义精神文明建设，首先是要让全党全社会树立共同的理想信念。没有理想信念，政党就没有生命，民族就没有前途，国家就没有希望。只有把中国特色社会主义共同理想和共产主义远大理想统一起来，才能坚持全心全意为人民服务的根本宗旨，才能勤奋工作、廉洁奉公，才能夺取中国特色社会主义新胜利。其次是要弘扬伟大的民族精神和时代精神。习近平总书记指出：“实现中国梦必须弘扬中国精神。这就是以爱国主义为核心的民族精神，以改革创新为核心的时代精神。这种精神是凝心聚力的兴国之魂、强国之魂。爱国主义始终是把中华民族坚强团结在一起的精神力量，改革创新始终是鞭策我们在改革开放中与时俱进的精神力量。”〔2〕只有弘扬以爱国主义为核心的民族精神，才能把13亿多人的智慧和力量凝聚起来；只有弘扬以改革创新为核心的时代精神，才能适应社会发展和实现现代化建设的各项目标，才能推进党的建设。再次，要把精神文明建设贯穿改革开放和现代化建设全过程，渗透到社会生活方方面面。要大力倡导共产党人的世界观、人生观、价值观，要大力加强社会公德、职业道德、家庭美德、个人品德建设，要让中华民族文化基因在广大青少年心中生根发芽，要充分发挥先进模范的榜样作用。最后，要

〔1〕习近平：《人民有信仰民族有希望国家有力量》，《人民日报》2015年3月1日。
〔2〕习近平：《在第十二届全国人民代表大会第一次会议上的讲话》，《人民日报》2013年3月18日。

改进方式方法，使精神文明建设始终充满活力。抓精神文明建设要办实事、讲实效，要紧紧围绕增进人民福祉来进行，要坚决反对形式主义和官僚主义。

在党中央的大力倡导下，近年来社会主义精神文明建设取得了实实在在的成效，表现在《关于推进诚信建设制度化的意见》《关于推进志愿服务制度化的意见》《关于深化群众性精神文明创建活动的指导意见》等的陆续出台；以中央文件形式专门部署中华优秀文化的传承发展工作，利用重要节日开展丰富多彩的民俗文化活动；依法查处违法网站和网络账号，严厉整治网络直播平台；等等。

（二）从公民思想道德建设到社会主义核心价值体系构建

在中国特色社会主义文化建设中，以江泽民同志为主要代表的中国共产党人认识到公民思想道德建设的重要性。在社会生活中，一些领域原有的道德规范不能适应新的要求，新的道德规范没有形成，人们混淆了是非、善恶、美丑的界限，各种以次充好、偷税漏税、以权谋私、假冒伪劣、腐化堕落的现象时有发生。在党的十五大报告中，江泽民指出："建设有中国特色社会主义，必须着力提高全民族的思想道德素质和科学文化素质。"2000年6月，江泽民在中央思想政治工作会议上的讲话中指出，为了发展中国特色社会主义，"必须在全社会形成与之相适应的社会主义思想道德体系"，"法治以其权威性和强制手段规范社会成员的行为，德治以其说服力和劝导力提高社会成员的思想认识和道德觉悟。道德规范和法律规范应该相互结合，统一发挥作用。有了良好的道德素质，就能够使人们自觉地扶正祛邪、扬善惩恶，就有利于形成追求高尚、激励先进的良好社会风气，保证社会主义市场经济的健康发展，促进整个民族素质的提高。努力建设与发展社会主义市场经济相适应的社会主义道德体系，是一项十分重要的工作，必须放在突出位置来抓”。[1] 2001 年 7 月，江泽民在庆祝中国共产党成立 80 周年大会上的讲话中再一次指出：“要把依法治国同以德治国结合起来，为社会保持良好的秩序和风尚营造高尚的思想道德基础。”[2] 2001 年 9 月，中共中央印发了《公民道德建设实施纲要》，这是推进依法治国和以德治国相结合的重大举措，是群众性精神文明建设的重大事件。

党的十六大之后，以胡锦涛同志为主要代表的中国共产党人针对一个时期以来，一些人是非观念淡薄、思想道德严重失范等现实，提出了社会主义荣辱观。“要教育广大干部群众特别是广大青少年树立社会主义荣辱观，坚持以热爱祖国为荣、以危害祖国为耻，以服务人民为荣、以背离人民为耻，以崇尚科学为荣、以愚昧无知为耻，以辛勤劳动为荣、以好逸恶劳为耻，以团结互助为荣、以损人利己为耻，以诚实守信为荣、以见利忘义为耻，以遵纪守法为荣、以违法乱纪为耻，以艰苦奋斗为荣、以骄奢淫逸为耻。”[3] 2006 年 10 月，为了打牢全党全国人民团结奋斗的思想道德基础，在社会主义荣辱观的基础上又进一步提出了社会主义核心价值体系，这个核心价值体系包括马克思主义指导思想、中国特色社会主义共同理想、以爱国主义为核心的民族精神和以改革创新

〔1〕江泽民：《在中央思想政治工作会议上的讲话》，《江泽民文选》第三卷，人民出版社 2006 年版，第 91— 92 页。
〔2〕江泽民：《在庆祝中国共产党成立八十周年大会上的讲话》，《江泽民文选》第三卷，人民出版社 2006 年版，第 278 页。
〔3〕胡锦涛：《树立社会主义荣辱观》，《胡锦涛文选》第二卷，人民出版社 2016 年版，第 430 页。

为核心的时代精神、社会主义荣辱观。2012年，党的十八大把社会主义核心价值体系的内核进行了集中概括，提出了社会主义核心价值观，即国家层面的富强、民主、文明、和谐，社会层面的自由、平等、公正、法治，个人层面的爱国、敬业、诚信、友善。2017年党的十九大报告依然强调要培育和践行社会主义核心价值观，要强化教育引导、实践养成、制度保障，发挥社会主义核心价值观对国民教育、精神文明创建、精神文化产品创作生产传播的引领作用，要把社会主义核心价值观融入社会发展各方面，转化为人们的情感认同和行为习惯，要坚持全民行动、干部带头，从家庭做起、从娃娃抓起。

（三）把握意识形态工作的领导权

建设具有凝聚力的社会主义意识形态，离不开与各种社会思潮进行针锋相对的斗争。邓小平在改革开放一开始就指出了必须反对资产阶级自由化思想，资产阶级自由化的本质是否定党的领导和社会主义制度。1986年9月邓小平在党的十二届六中全会上的讲话中更是指出："反对资产阶级自由化，我讲得最多，而且我最坚持。""自由化是一种什么东西？实际上就是要把我们中国现行的政策引导到走资本主义道路。这股思潮的代表人物是要把我们引导到资本主义方向上去。所以，我多次解释，我们搞的四个现代化有个名字，就是社会主义四个现代化。"[1]

1990年发布的《中共中央关于进一步加强和改进知识分子工作的通知》指出，要"长期不懈地进行坚持四项基本原则、反对资产阶级自

〔1〕邓小平：《在党的十二届六中全会上的讲话》，《邓小平文选》第三卷，人民出版社1993年版，第181页。

由化的教育”，“资产阶级自由化是一种政治思潮，它的实质是否定社会主义制度，否定共产党的领导，主张走资本主义道路”。“在整个社会主义历史时期，四项基本原则同资产阶级自由化的对立和斗争将长期存在。……这种对立和斗争首先突出地表现在意识形态领域。意识形态部门和单位以及高等学校的党组织负有特别重要的责任，要把坚持四项基本原则、反对资产阶级自由化的教育作为思想政治工作的重要内容，切实有效地抓下去。”1991 年 2 月，中共中央办公厅转发中宣部、中组部《关于在农村普遍开展社会主义思想教育的意见》，要求在农村开展社会主义思想教育活动，用社会主义思想占领农村阵地。胡锦涛指出，要牢牢掌握意识形态工作领导权和主动权。我国社会价值观念日趋多样，正确的和错误的、先进的和落后的、主流的和非主流的思想观念相互交织，如果不采取切实可行的应对措施，就不能引导社会思潮。为此，一要坚持不懈用党的理论创新成果武装全党、教育人民；二要提高舆论引导能力；三要牢牢掌握意识形态工作主动权；四要加强意识形态领域队伍建设。

党的十八大之后，习近平总书记将意识形态工作的重要性提升到一个新的高度。他反复强调要把意识形态工作的领导权牢牢抓在手里。2015 年 12 月，习近平总书记在全国党校工作会议上指出：“当今时代，社会思想观念和价值取向日趋活跃，主流的和非主流的同时并存，先进的和落后的相互交织，社会思潮纷纭激荡。我说过，思想舆论领域大致有红色、黑色、灰色‘三个地带’。红色地带是我们的主阵地，一定要守住；黑色地带主要是负面的东西，要敢于亮剑，大大压缩其地盘；灰色地带要大张旗鼓争取，使其转化为红色地带。”[1]为此要全党动手，要切实肩负起意识形态工作的政治责任、主体责任和领导责任，全面落实意识形态工作责任制。

三、大力发展文化事业和文化产业

（一）促进文化事业的发展

文化事业就是指与文学艺术、新闻出版、广播电视、卫生体育、图书馆、博物馆等方面相关的工作。改革开放以来，随着人们生活水平的提高，人们对文化事业的要求也发生了巨大的变化，人们对丰富多彩的文化生活的需要越来越突出。1979 年 10 月，邓小平指出：“要恢复和发扬我们党和人民的革命传统，培养和树立优良的道德风尚，为建设高度发展的社会主义精神文明做出积极的贡献。”[2]这就改变了以往“文艺为政治服务”的提法。1980 年，党中央提出了“文艺为人民服务，为社会主义服务”的口号，此外，党中央还提出了“三不主义”，就是“不抓辫子、不戴帽子、不打棍子”。文艺创作是一种需要创造性的精神性活动，没有一个宽松的环境，没有一个大家都能够畅所欲言地讨论和发表看法的环境，就不可能有文化事业的繁荣。

在文化事业发展方向的问题解决后，资金的投入问题成为发展文

〔1〕习近平：《坚持和巩固党对意识形态工作的领导》，《习近平谈治国理政》第二卷，外文出版社 2017 年版，第 328 页。

〔2〕邓小平：《在中国文学艺术工作者第四次代表大会上的祝词》，《邓小平文选》第二卷，人民出版社 1994 年版，第 209 页。

化事业的瓶颈。为此，党的十三届七中全会就提出，“中央和地方都要把精神文明建设纳入经济和社会发展规划，逐步增加必要的投入”。1991 年，国务院批转文化部《关于文化事业若干经济政策意见的报告》，指出由于受国家财力限制和其他一些原因，我国文化事业长期存在底子薄、设施差的问题，为此，第一，各级政府“要逐年增加文化事业经费的投入，逐步改变文化经费紧张的状况”。第二，各级政府要将文化设施建设列入议事日程，切实予以安排。“‘八五’期间，要努力做到县县有图书馆、文化馆，乡乡有文化站。”第三，要适当增加文化事业的基本建设投资。“有条件的省、自治区、直辖市及计划单列市，每年应有一定的文化基建投资基数并随着经济状况的好转逐步增加这方面的投入，使之与物质文明建设方面的投入保持适当的增长比例。”第四，“当前各地现有的剧场、影剧院严重破旧的问题十分突出，要抓紧进行维修改造，充实设备，改善条件。”第五，“切实解决各级公共图书馆购书经费紧张的问题”，等等。在党中央作出推动社会主义文化大发展大繁荣的决策之后，这个问题得到了高度重视，例如 2011 年《中共中央关于深化文化体制改革推动社会主义文化大发展大繁荣若干重大问题的决定》指出：“中央、省、市三级设立农村文化建设专项资金，保证一定数量的中央转移支付资金用于乡镇和村文化建设。”

发展文化事业，还必须关注普通群众。特别是在农村，部分农民的思想观念和科学文化素质与农村现代化建设的要求不相适应。为此，1995 年中央办公厅、国务院办公厅转发《中央宣传部、农业部关于深入开展农村社会主义精神文明建设活动的若干意见》的通知，指出要积极推动农村文化的发展和繁荣，例如：要切实解决电影、戏剧下乡问题，巩固农村电影发行放映队伍，增加电影放映点，组织各类文艺团体送戏下乡；倡导和组织农民读书，定期评选优秀农村读物、优秀图书代销点，确保“万村书库工程”的实施；要抓好农村广播电视设施和群众文化工作网络建设，提高农村电视覆盖率；等等。1996 年年底，中共中央宣传部等又发出了《关于开展文化科技卫生“三下乡”活动的通知》，要求在全国农村开展文化、科技、卫生“三下乡”活动。2008 年中央又发出了《关于推进农村改革发展若干重大问题的决定》，指出需要加快推进社会主义新农村建设，为此必须繁荣发展农村文化，要推进广播电视村村通、农村电影放映等文化惠民工程，要建立稳定的农村文化投入保障机制，要扶持农村题材文化产品创作生产，要广泛开展文明村镇、文明户等群众性精神文明创建活动，等等。

党的十八大之后，文化事业的发展重点是构建现代公共文化服务体系，通过完善公共文化服务网络，构建覆盖城乡、结构合理的公共文化服务体系，让群众享有免费或优惠的基本公共文化服务。在统筹公共文化服务设施网络建设方面，建立公共文化服务体系建设协调机制，推动有关部门各负其责、形成合力，统筹县、乡、村三级公共文化实施建设，整合党员教育、科学普及等，推动建设综合性文化服务中心。在促进基本公共服务均等化方面，制定和实施基本公共文化服务指标体系和绩效考核办法，建立群众评价和反馈机制，推动文化惠民项目和群众文化需求的有效对接，加大对革命老区、民族地区等的支持和帮扶力度。在公益性文化事业单位改革上，突出公益属性，强化服务功能，推动公共图书馆、博物馆、文化馆等公共文化服务设施组建理事会，吸收各方面代表参与管理。在公共文化服务社会化发展方面，加大政府购买服务力度，鼓励社会力量通过兴办实体等各种形式参与公共文化服务，建立完善公共文化设施长期免费开放的保障机制等。

为了将这些措施落到实处，我国先后出台了一系列重要政策文件。例如，2015年1月，中共中央办公厅、国务院办公厅印发了《关于加快构建现代公共文化服务体系的意见》和《国家基本公共文化服务指导标准（2015—2020年）》，对构建现代公共文化服务体系作出了全面部署，全国各个地方都制定印发了实施意见和实施标准；2015年5月，国务院办公厅转发了文化部、财政部、新闻出版广电总局、体育总局《关于做好政府向社会力量购买公共文化服务工作的意见》，明确要求将购买公共文化服务资金列入各级政府财政预算，逐步加大现有财政资金向社会力量购买公共文化服务的投入力度；2016年12月，《中华人民共和国公共文化服务保障法》正式出台，为保障人民群众基本文化权益提供了法律依据；2017年4月，中共中央宣传部、文化部、财政部联合印发了《关于戏曲进乡村的实施方案》，提出2020年在全国范围实现戏曲进乡村制度化、常态化、普及化，增加农村公共文化服务总量，这对于促进戏曲艺术在农村地区的传播普及和传承发展、促进文化资源向基层倾斜具有重要作用；为了促进公共图书馆事业发展，发挥公共图书馆功能，保障公民基本文化权益，2017年11月4日《中华人民共和国公共图书馆法》通过，2018年1月1日起正式施行；2019年1月，中共中央宣传部、文化和旅游部、财政部、人力资源和社会保障部制定了《国有文艺院团社会效益评价考核试行办法》，目的是推动国有文艺院团把社会效益放在首位、实现社会效益和经济效益相统一，充分发挥国有文艺院团在繁荣发展社会主义文艺中的示范引领作用，等等。

（二）促进文化产业的发展

除了非常重视文化事业的发展外，我们党和政府也非常重视文化产业的发展。在传统的认识中，人们比较重视文化产品在教育群众方面的作用，而往往忽视其经济属性和商品属性。2001 年 3 月，党中央在第十个五年计划中第一次提出了“文化产业”的概念；2002 年，党的十六大报告明确指出要大力发展文化产业，“发展文化产业是市场经济条件下繁荣社会主义文化、满足人民群众精神文化需求的重要途径。完善文化产业政策，支持文化产业发展，增强我国文化产业的整体实力和竞争力”。这是文化建设中的一个非常重要的变化。因为人们越来越注意到，只有把文化产品变成能够为人民大众所接受的文化商品，为大众所消费，才能实现文化的教育功能，才能达到凝聚人心的目的。在市场经济的大背景下，检验一种文化产品是不是能够发挥教育宣传功能，还要从经济效益上看，只有人们接受、喜欢，愿意购买和消费，社会效益才能体现出来。

就文化产业的发展来看，最主要的制约因素是公益性文化事业和经营性文化产业相混淆，本来应该由政府主导的公益性文化事业长期投入不足，本来应该由市场主导的经营性文化产业长期依赖政府。为此，2003 年党的十六届三中全会作出深化文化体制改革的决定，要逐步建立党委领导、政府管理、行业自律、企事业单位依法运营的文化管理体制。公益性文化事业单位要深化劳动人事、收入分配和社会保障制度改革，加大国家投入，增强活力，改善服务；经营性文化产业单位要创新机制，转换机制，面向市场，壮大实力，形成一批大型文化企业集团。2005 年出台了《中共中央、国务院关于深化文化体制改革的若干意见》，这个文件从文化事业单位改革、深化文化企业改革、加快文化领域结构调整、培育现代文化市场体系、健全宏观管理体制等方面进行了一系列的安排。2006 年 9 月，中共中央办公厅、国务院办公厅印发了《国家“十一五”时期文化发展规划纲要》，明确了影视制作业、出版业等九大重点发展的文化产业。2011 年 10 月 18 日，党的十七届六中全会通过的《中共中央关于深化文化体制改革推动社会主义文化大发展大繁荣若干重大问题的决定》强调，要“加快发展文化产业，推动文化产业成为国民经济支柱性产业”，认为这是新的经济增长点，是经济结构战略性调整的重要支点，是转变经济发展方式的重要着力点。为此，必须构建结构合理、门类齐全、科技含量高、富有创意、竞争力强的现代文化产业体系；必须形成公有制为主体、多种所有制经济共同发展的文化产业格局；必须深入实施科技带动战略，推动文化科技创新；必须增加文化消费总量，提高文化消费水平。

党的十八大之后，党中央越来越认识到文化产业的繁荣发展离不开市场，需要发挥市场在文化资源配置中的积极作用。重点是打破条块分割、地区封锁、城乡分离的市场格局，加快构建统一开放竞争有序的现代文化市场体系。在合格文化市场主体的培育方面，继续推进经营性文化单位转企改制，完善法人治理结构，形成符合文化企业特点的资产组织形式和经营管理模式。在重要国有传媒企业中，开始探索特殊管理股制度的试点；鼓励有实力的文化企业跨地区、跨行业、跨所有制兼并重组，提高文化产业的规模化、集约化和专业水平。在非公有制文化企业发展方面，鼓励非公有制文化企业以控股形式参与国有影视制作机构、文艺院团改制经营，支持小微文化企业发展，给予财税、融资等方面的扶持；在出版权、播出权特许经营前提下，允许制作和出版、制作和播出分开。在多层次文化产品和要素市场的建立方面，重点发展图书、电子音像制品、动漫游戏等产品市场，完善各种类型的综合交易平台，加快建设大型文化流通企业和文化产品物流基地，完善文化无形资产评估等。在文化经济政策的完善方面，继续提高文化支出占财政支出的比例，扩大政府文化资助和采购，对转企改制的国有文化单位继续实行扶持政策，改革文化产品的评价体制和评奖制度，加强版权保护等。

为此，我国先后出台了一系列重要政策。例如，2014 年 2 月，中央全面深化改革领导小组审议通过了《深化文化体制改革实施方案》，明确了改革的指导思想、目标思路、主要任务和政策保障，在工作推进上力求做到具体化、项目化、责任化，开列出 25 项、104 条重要改革措施，并按照 2015 年、2017 年、2020 年三个时间点明确了进度要求；为了促进电影产业健康繁荣发展，规范电影市场秩序，2016 年 11 月 7 日第十二届全国人民代表大会常务委员会第二十四次会议通过了《中华人民共和国电影产业促进法》，2017 年 3 月 1 日起正式施行；2017 年 5 月，中共中央办公厅、国务院办公厅印发《国家“十三五”时期文化发展改革规划纲要》，指出要完善现代文化产业体系和现代文化市场体系，要做好发展壮大文化市场主体、推进文化市场建设、优化文化产业结构布局、强化文化科技支撑四个方面的工作；2018 年 11 月，文化和旅游部、财政部发出《关于在文化领域推广政府和社会资本合作模式的指导意见》，指出要引导社会资本积极参与文化领域政府和社会资本合作（PPP）项目，鼓励社会需求稳定、具有可经营性、能够实现按效付费、公共属性较强的文化项目采用 PPP 模式，重点包括但不限于具有一定收益性的文化产业集聚发展、特色文化传承创新、公共文化服务、非物质文化遗产保护传承以及促进文化和旅游、农业、科技、体育、健康等领域深度融合发展的文化项目。

四、提高国家文化软实力

进入 21 世纪之后，文化越来越成为民族凝聚力和创造力的重要源泉，越来越成为综合国力竞争的重要因素。在这种情况下，党的十七大报告提出了“提高国家文化软实力”的概念，通过这一概念对内增强全国人民之间的凝聚力，对外增强国家的影响力，为我们国家的发展创造更好的国际环境。

（一）建设中华民族精神家园

增强全国人民之间的凝聚力，对内来看就是建设中华民族精神家园。为此，必须重视中华优秀传统文化，必须重视弘扬中华优秀传统文化。在党的十七大报告中，胡锦涛指出：“中华文化是中华民族生生不息、团结奋进的不竭动力。”“加强中华优秀文化传统教育，运用现代科技手段开发利用民族文化丰厚资源。加强对各民族文化的挖掘和保护，重视文物和非物质文化遗产保护，做好文化典籍整理工作。”2011 年在党的十七届六中全会上，胡锦涛进一步指出：“中华文化源远流长、博大精深，积淀着中华民族的深厚精神追求，是中华民族生生不息、团结奋进的不竭动力，是发展中国特色社会主义文化的深厚基础。推动社会主义文化大发展大繁荣，必须大力弘扬中华优秀文化传统，大力弘扬五四运动以来形成的革命文化传统，大力弘扬改革开放以来文化领域形成的一系列新思想新观念新风尚，立足中国特色社会主义伟大实践，发展社会主义先进文化。”[1]

党的十八大以来，习近平总书记非常重视建设中华民族精神家园的问题，也非常重视强调优秀传统文化。一方面，习近平总书记强调对传统文化的继承：“中华文化既是历史的、也是当代的，既是民族的、也是世界的。只有扎根脚下这块生于斯、长于斯的土地，文艺才能接住地气、增加底气、灌注生气，在世界文化激荡中站稳脚跟。”[2]“优秀传统文化是一个国家、一个民族传承和发展的根本，如果丢掉了，就隔断了精神命脉。”[3]另一方面，习近平总书记还强调对传统文化的创造性转化：“我们要善于把弘扬优秀传统文化和发展现实文化有机统一起来，紧密结合起来，在继承中发展，在发展中继承。”[4]为什么要强调创造性转化呢？因为传统文化在其形成和发展过程中，不可避免地受到当时的认识水平、时代条件、社会制度局限性的制约和影响，不可避免地带有陈旧过时和糟粕性的东西。

（二）中华文化走出去

习近平总书记指出：“提高国家文化软实力，要努力展示中华文化

〔1〕胡锦涛：《坚定不移走中国特色社会主义文化发展道路》，《胡锦涛文选》第三卷，人民出版社2016年版，第565页。
〔2〕习近平：《要有高度的文化自信》，《习近平谈治国理政》第二卷，外文出版社2017年版，第352页。
〔3〕习近平：《努力实现传统文化创造性转化、创新性发展》，《习近平谈治国理政》第二卷，外文出版社2017年版，第313页。
〔4〕习近平：《努力实现传统文化创造性转化、创新性发展》，《习近平谈治国理政》第二卷，外文出版社2017年版，第313页。

独特魅力。……要系统梳理传统文化资源，让收藏在禁宫里的文物、陈列在广阔大地上的遗产、书写在古籍里的文字都活起来。要以理服人，以文服人，以德服人，提高对外文化交流水平，完善人文交流机制，创新人文交流方式，综合运用大众传播、群体传播、人际传播等多种方式展示中华文化魅力。”[1] 自从2013年党中央提出“文化走出去”战略以来，我国努力构建全方位、多层次、宽领域的对外文化工作新格局。2004年创办孔子学院，推广汉语言。截至2017年，我国已经与157个国家签订了文化合作协定，投入运营的海外中国文化中心30多个、中国馆14个，开展各类文化活动4000余场次。在全世界146个国家和地区建立525所孔子学院和1113个孔子课堂。不仅是中国传统文化，中国梦、中国智慧、中国方案等在国际话语体系中的作用也越来越重要、越来越突出。

〔1〕习近平：《提高国家文化软实力》，《习近平谈治国理政》第一卷，外文出版社2018年版，第161—162页。

第九章

奋斗目标：带领人民不断创造美好生活

我们要坚持把人民群众的小事当作自己的大事，从人民群众关心的事情做起，从让人民群众满意的事情做起，带领人民不断创造美好生活！

——习近平在中国共产党第十九次全国代表大会上的报告（2017年10月18日）

中国共产党是全心全意为人民服务的政党，这个政党存在的价值就是带领人民创造美好生活。习近平总书记指出："人民对美好生活的向往，就是我们的奋斗目标。""我们的责任，就是要团结带领全党全国各族人民，继续解放思想，坚持改革开放，不断解放和发展社会生产力，努力解决群众的生产生活困难，坚定不移走共同富裕的道路。"[1]改革开放以来，我们党在社会建设上的一系列理念和措施就与人民群众对美好生活的向往息息相关，我们党所要解决的就是人民对更好的教育、更稳定的工作、更满意的收入、更可靠的社会保障、更高水平的医疗卫生、更舒适的居住条件等的向往。

一、社会建设的历史进程

社会建设有广义和狭义之分。广义的社会建设是指与自然相对的整个人类社会的建设，它的内涵非常丰富，不仅包括经济，还包括政治、文化、社会等各个方面的整个社会系统的建设。狭义的社会建设的范围则要窄得多，仅指具体的社会领域内的建设，它是与经济建设、政治建

〔1〕习近平：《人民对美好生活的向往，就是我们的奋斗目标》，《习近平谈治国理政》第一卷，外文出版社 2018 年版，第 4 页。

设、文化建设、生态文明建设并列的一个领域。我们这里谈的社会建设是狭义上的。有些人会提出质疑：狭义上的社会建设不是在党的十六大之后才形成的吗？我们党不是在党的十七大报告中才首次提出了“四位一体”总体布局吗？不是在党的十七大才指出中国特色社会主义事业是经济建设、政治建设、文化建设、社会建设有机统一、互为条件、不可分割的整体的吗？这些理解都没错，但是并不能因为没有看到“社会建设”“和谐社会”这样的字眼，就否定我国改革开放以来社会建设方面的许多工作，就否定我国在社会建设方面的诸多探索，从而否认我们党在改善人民群众生活方面所取得的诸多成绩。

（一）社会建设思路的初步形成

这个时期大致是从 1978 年 12 月党的十一届三中全会召开到 2002 年 11 月党的十六大召开。这个时期社会建设的思路是以经济建设为中心来推动社会建设。为什么要坚持这样一个思路？因为在当时必须把党和国家以及全体人民的注意力集中到经济建设上来，这是解决中国所有问题的钥匙。正如邓小平所说，经济问题是压倒一切的政治问题。1980 年 1 月，他在中央召集的干部会议上指出：“现在要横下心来，除了爆发大规模战争外，就要始终如一地、贯彻始终地搞这件事，一切围绕着这件事，不受任何干扰。就是爆发大规模战争，打仗以后也要继续干，或者重新干。我们全党全民要把这个雄心壮志牢固地树立起来，扭着不放，‘顽固’一点，毫不动摇。”[1] 同时，大力发展经济为社会建设提

〔1〕邓小平：《目前的形势和任务》，《邓小平文选》第二卷，人民出版社 1994 年版，第 249 页。

供了物质基础。没有雄厚的经济基础，大规模的社会保障和改善民生是无法想象的。

在1992年党的十四大和1993年11月党的十四届三中全会明确提出建立社会主义市场经济体制之后，社会建设方面的改革逐渐丰富起来。例如，1993年党中央、国务院颁布了《中国教育改革和发展纲要》；党的十四届三中全会指出，要建立起按劳分配为主体，多种分配方式并存的收入分配制度；要坚持效率优先、兼顾公平的原则；1994年颁布了《中华人民共和国劳动法》；1997年颁布了《中共中央、国务院关于卫生改革与发展的决定》，等等。这个时期的社会建设往往服务于经济发展。例如，在经济体制改革中，为了增强国有企业的活力，国家实行了政策性破产，在几年的时间里有3000万左右的工人下岗，在岗职工总数由原来的7500万人减少到4400万人。这么多的工人在集中的时间段内下岗对企业、国家也是一个重大考验，社会保障问题一下子凸显出来。为此，国家明确提出了“三条保障线”，即企业下岗职工基本生活保障、失业保险、城市居民最低生活保障。在这里，我们能够看到进行社会建设是由国有企业改革推动的，并更多地体现为，为国有企业减员增效提供配套服务的目的。

（二）社会建设思路的正式确立

这个时期大致是从2002年11月党的十六大召开到2012年11月党的十八大召开。在这一阶段，社会建设获得了自身的独立性，并逐渐形成了比较完备的体系。2002年党的十六大报告指出：“我们要在本世纪头二十年，集中力量，全面建设惠及十几亿人口的更高水平的小康社会，使经济更加发展、民主更加健全、科教更加进步、文化更加繁荣、社会更加和谐、人民生活更加殷实。”这里面提出了“社会更加和谐”的理念。为什么要提出这个理念？因为一方面我国实现了现代化建设“三步走”战略的第一步、第二步目标，人民生活总体上达到了小康；另一方面我国还面临着大量的突出性矛盾，例如教育、科技发展水平不高，城乡、区域发展不平衡，就业和社会保障矛盾突出等问题。此外，2003年我国遭遇了一场突如其来的非典疫情，这场非典疫情充分暴露了我们在公共卫生领域中的短板，使我们认识到应急机制、公共卫生等社会建设严重滞后于经济发展，同时也使得我们党决定解决日益严重的经济社会发展不协调问题。

2004年9月在党的十六届四中全会上，我们党明确提出了构建社会主义和谐社会的重大战略任务，强调“要适应我国社会的深刻变化，把和谐社会建设摆在重要位置”。2006年10月，党的十六届六中全会召开，这是我们党的历史上第一次专门以讨论社会建设为主题的会议，会议通过了《中共中央关于构建社会主义和谐社会若干重大问题的决定》。2007年10月，党的十七大报告将社会建设单列一章加以强调，提出了教育、就业、收入分配、社会保障、医疗卫生、社会管理六大领域的具体目标和任务，这就进一步明确了社会主义和谐社会建设的抓手和具体路径。

（三）社会建设思路的深化完善

这个时期大致是从2012年11月党的十八大召开到现在。这一时期我们党在社会建设上的思路是突出底线意识，理论体系上进一步深化完善。首先表现在底线意识上。贫困人口是我们这个社会中的一个弱势群体，如何保障这个群体的利益呢？2018 年党的十九大报告专门论述了这个问题："让贫困人口和贫困地区同全国一道进入全面小康社会是我们党的庄严承诺。要动员全党全国全社会力量，坚持精准扶贫、精准脱贫，坚持中央统筹省负总责市县抓落实的工作机制，强化党政一把手负总责的责任制……确保到二〇二〇年我国现行标准下农村贫困人口实现脱贫，贫困县全部摘帽，解决区域性整体贫困，做到脱真贫、真脱贫。"其次是理论体系上进一步深化完善。例如，社会建设具有系统性，它是作为一个整体而存在的，它主要包含了民生建设和社会治理两大要素。民生建设一方面有教育、收入分配、社会保障、公共医疗等内容，另一方面体现为社会治理。"社会治理"这个词本身就是党的十八大以来，我们党在"社会管理"上的一次深化。"社会管理"一词重点强调"权威性""指挥性"，而"社会治理"则重点强调了"参与性""协同性"，更加突出治理过程中多方力量的共同作用，这就体现了我们对社会建设这一领域特殊性认识的深化。

二、以公平正义为价值取向

实现公平正义是中国共产党自从成立以来就坚持的奋斗目标。什么是公平正义？人们在不同的情况下，认识是有差别的。改革开放之前，人们所理解的公平正义带有严重的平均主义倾向。改革开放以来，我们党对公平正义的认识逐步深化。一开始主要是强调效率优先、兼顾公平正义。1993 年党的十四届三中全会提出："个人收入分配要坚持以按劳分配为主体、多种分配方式并存的制度，体现效率优先、兼顾公平的原则。”这种认识在很长时间里支配了我们的思想。到党的十七大，我们对公平正义的认识发生了转变。党的十七大报告指出：“初次分配和再分配都要处理好效率和公平的关系，再分配更加注重公平。”这就把公平正义放到了初次分配和再次分配中去，改变了以往人们初次分配轻视公平的认识。党的十八大以来，在此基础上更进一步强调二者之间的“兼顾”。例如，2013 年《关于深化收入分配制度改革的若干意见》指出：“初次分配和再分配都要兼顾效率和公平，初次分配要注重效率，创造机会公平的竞争环境，维护劳动收入的主体地位；再分配要更加注重公平，提高公共资源配置效率，缩小收入差距。”

（一）从扶贫情况看公平正义

1978 年以家庭联产承包责任制为核心的农村经济体制改革，极大地调动了广大农民的生产积极性，农民的生活获得了很大改善。但是尽管如此，在我们国家，特别是农村中还存在大量的贫困人口。改革开放之初，我们党和国家就采取了一种“输血式”的、救济式的扶贫方式。从时间段上来看，大致是从 1978 年到 1985 年。1980 年中央设立了支援经济不发达地区发展资金，专门用于支持老革命根据地、少数民族地区等贫困地区的经济发展；1982 年，党和国家开始对甘肃省定西地区、河西地区和宁夏西海固地区实施扶贫，每年投入资金 2 亿元；1984 年，中共中央、国务院发布了《关于帮助贫困地区尽快改变面貌的通知》。从 1986 年到 1993 年，党和国家改变了扶贫方式，由原来的救济式扶贫变为开发式扶贫。为什么要转变？因为人们发现改变贫困地区的面貌只靠一些救济是不行的，还需要根据当地的特点，充分利用当地的各种资源，发挥老百姓自身的积极性和主动性。在这个阶段，我国农村贫困人口到1993年已减少到8000万人，贫困发生率从14.8%下降到8.2%。

1992年，邓小平在南方谈话中指出，在20世纪末达到小康水平的时候，就要突出地解决共同富裕问题。这就对我国的扶贫工作提出了新的要求。1994年2月，国务院召开全国扶贫开发工作会议，实施《国家八七扶贫攻坚计划》。这一计划详细制定了总任务、奋斗目标，扶贫开发的方针、途径和具体措施等内容。例如，在内容上要求，到2000年使绝大多数贫困户人均纯收入按1990年不变价计算达到500元以上；加强基础设施建设，为贫困地区根本解决温饱创造基础条件；在社会服务目标上，要改变贫困地区教育文化卫生的落后状况。到2000年年底，我国贫困人口下降到了3200万人，"八七扶贫攻坚计划"基本完成。

从2001年开始，扶贫开发进入了新阶段。2001年国务院印发《中国农村扶贫开发纲要（2001—2010年）》，对21世纪前10年的扶贫开发工作作出了全面部署，这标志着我国扶贫工作进入了巩固扶贫成果、提高发展能力、缩小发展差距的综合开发阶段。在这一阶段，我们把贫困人口集中的中西部少数民族地区、革命老区、边疆地区和特困地区作为扶贫开发的重点。2011年国家又出台了《中国农村扶贫开发纲要（2011—2020年）》，这一文件指出要建立健全扶贫对象识别机制，对贫困对象实行动态管理，并明确把连片特困地区作为主战场。这些连片特困地区包括六盘山区、秦巴山区、武陵山区、乌蒙山区、滇桂黔石漠化区、滇西边境山区、大兴安岭南麓山区等。

党的十八大以来，以习近平同志为核心的党中央高度重视扶贫开发工作。2012年12月，习近平总书记在河北省阜平县考察扶贫开发工作时就说："消除贫困、改善民生、实现共同富裕，是社会主义的本质要求。对困难群众，我们要格外关注、格外关爱、格外关心。"他强调，脱贫攻坚已经进入决胜的关键阶段，要确保到2020年我国现行标准下农村贫困人口实现脱贫，贫困县全部摘帽，解决区域性整体贫困，做到脱真贫，真脱贫。脱贫攻坚的关键和难点在于精准，为此2013年中央出台了《建立精准扶贫工作机制实施方案》，在全国范围内开始实施精准扶贫。所谓精准，就是注重扶持对象精准、项目安排精准、资金使用精准、措施到户精准、脱贫成效精准等。深入实施"五个一批"工程，即发展生产脱贫一批、易地搬迁脱贫一批、生态补偿脱贫一批、发展教育脱贫一批、社会保障脱贫兜底一批。把脱贫攻坚作为第一民生工程来抓，层层压实责任，积极传导压力。党的十八大以来，我国已经有6000多万贫困人口稳定脱贫，贫困发生率从10.2%下降到4%以下。

（二）从规范各种收入看公平正义

收入分配问题是备受关注的经济问题之一，也是体现社会是否公平正义的一个重要标准。如何通过规范各种收入，把"蛋糕"分好，让全体人民共享改革发展的成果，是关系中国特色社会主义事业的重要方面。为了规范各种收入，我国在分配制度上经历了一个发展过程，从按劳分配为主体、多种分配方式并存发展到劳动、资本、技术、管理等生产要素按贡献参与分配。在党的十六大上，我们党又提出要"以共同富裕为目标，扩大中等收入者比重，提高低收入者收入水平"。

党的十六届三中全会通过的《中共中央关于完善社会主义市场经济体制若干问题的决定》强调，要加大收入分配调节力度，解决部分社会成员收入差距过分扩大的问题，“调节过高收入，取缔非法收入。加强对垄断行业收入分配的监管。健全个人收入监测办法，强化个人所得税征管。完善和规范国家公务员工资制度，推进事业单位分配制度改革。规范职务消费，加快福利待遇货币化”。党的十七大报告指出，要“逐步提高居民收入在国民收入分配中的比重，提高劳动报酬在初次分配中的比重”。“创造条件让更多群众拥有财产性收入。保护合法收入，调节过高收入，取缔非法收入。扩大转移支付，强化税收调节，打破经营垄断，创造机会公平，整顿分配秩序，逐步扭转收入分配差距扩大趋势。”

党的十八大报告提出，要“努力实现居民收入增长和经济发展同步、劳动报酬增长和劳动生产率提高同步，提高居民收入在国民收入分配中的比重，提高劳动报酬在初次分配中的比重”，“完善劳动、资本、技术、管理等要素按贡献参与分配的初次分配机制，加快健全以税收、社会保障、转移支付为主要手段的再分配调节机制”。2017年党的十九大报告指出，要“促进收入分配更合理、更有序”；要“鼓励勤劳守法致富，扩大中等收入群体，增加低收入者收入，调节过高收入，取缔非法收入”；要“坚持在经济增长的同时实现居民收入同步增长、在劳动生产率提高的同时实现劳动报酬同步提高”。

（三）从基本公共服务均等化看公平正义

享有基本公共服务是一个社会公民的基本权利。基本公共服务均等化是指全体公民都能公平地获得大致均等的基本公共服务。党中央提出“逐步实现基本公共服务均等化”就是维护社会公平正义的重要体现。党的十六大报告提出要“加强公共服务设施建设，改善生活环境，发展社区服务，方便群众生活”，这里没有明确提出“基本公共服务均等化”的概念，但强调政府要更加注重公共服务的职能。2005 年 10 月，党的十六届五中全会首次提出“按照公共服务均等化原则，加大国家对欠发达地区的支持力度，加快革命老区、民族地区、边疆地区和贫困地区经济社会发展”，这一理念具有重大意义，此后一直被强调。2007 年党的十七大提出“围绕推进基本公共服务均等化和主体功能区建设，完善公共财政体系”的战略部署。2012 年，党的十八大再次将“公共服务均等化”摆在重要位置，指出“基本公共服务均等化总体实现”的更高目标，要求加快形成“政府主导、覆盖城乡、可持续的基本公共服务体系”。2012 年讨论通过的《国家基本公共服务体系“十二五”规划》，全面系统地勾勒了国家基本公共服务的各项制度性安排，将基本公共服务从一个理念细化为具有可操作性的具体措施，是推进基本公共服务的重大步骤。2017 年党的十九大则再一次强调，履行政府再分配调节职能，加快推进基本公共服务均等化，缩小收入分配差距。

三、以改善民生为重点

（一）教育

教育是民生之基。改革开放以来，我们党和国家非常重视发展教育事业。1983 年，邓小平为北京景山学校题词：“教育要面向现代化，面向世界，面向未来。”“三个面向”集中回答了我国教育发展的根本性问题，为中国教育改革与发展指明了方向。1985 年 5 月，党中央作出《关于教育体制改革的决定》，这一决定拉开了教育体制改革的序幕。该决定指出，要推进义务教育分级管理体制改革，“把发展基础教育的责任交给地方，有步骤地实行九年制义务教育”“实行基础教育由地方负责、分级管理的原则”“调整中等教育结构，大力发展职业技术教育”“改革高等学校的招生计划和毕业生分配制度，扩大高等学校办学自主权”，等等。1993 年 2 月，中共中央、国务院颁布《中国教育改革和发展纲要》，该纲要回答了 20 世纪 90 年代和 21 世纪初我国教育改革和发展的总体思路。20 世纪 90 年代，要在全国基本普及九年制义务教育，大城市市区和沿海经济发达地区积极普及高中阶段教育；全国基本扫除青壮年文盲。在教育改革上，要改革包得过多、统得过死的体制，改变政府包揽办学的格局，逐步建立政府办学为主体、社会各界共同办学的体制。1995 年 3 月《中华人民共和国教育法》颁布。此后，我国的教育发展发生了巨大变化，政府包揽办学的格局逐渐被打破，社会各界广泛参与到办学中来；中等和中等以下教育继续完善分级办学、分级管理的体制；高等学校、中等专业学校等实行毕业生自主择业的制度。1999 年，中共中央、国务院作出《关于深化教育改革全面推进素质教育的决定》，该决定指出要全面推进素质教育，坚持学习科学文化和加强思想修养相统一，坚持实现自身价值与服务祖国人民相统一，坚持树立远大理想与进行艰苦奋斗相统一。

之前更多的是从为现代化建设培养和输送人才的角度看待教育，到了 21 世纪，这个时期党和国家认识到教育也是民生，即教育要坚持以人为本，要保障每个公民依法享有受教育的权利。此后，党和国家在教育上要重点解决的问题是合理配置教育资源，主要是继续提高教育在国家财政支出中的比例。在一些薄弱环节和关键领域，缩小城乡、区域教育发展差距，重点向农村、边远、贫困、民族地区倾斜。关注弱势群体，确保每一个孩子不因家庭经济困难不能入学，在农村孩子中实行“两免一补”，“两免”是免除义务教育阶段学杂费，对贫困家庭学生免费提供教科书；“一补”是补助寄宿生生活费。还有加快一流大学和一流学科建设、完善职业教育和培训体系、加强师德师风建设、培养高素质教师队伍，等等。

（二）就业

就业是民生之本，是一个社会经济发展以及和谐稳定的基本前提。改革开放以来，我们党和政府高度重视就业问题。改革开放之初，随着“上山下乡”知识青年的“返城大潮”，我国就业问题凸显出来，随后党和政府通过调整产业结构和所有制结构来解决这个问题。所谓调整产业结构，就是大力发展轻工业、商业、服务业等可以大量吸纳劳动力的行业；在所有制结构上，在改革开放之前我国的所有制形式比较单一，主要是全民所有制经济和集体所有制经济，但是这两种所有制能吸纳的劳动力有限。《国务院关于城镇劳动者合作经营的若干规定》《国务院关于城镇非农业个体经济若干政策性规定的补充规定》《国务院关于城镇集体所有制经济若干政策问题的暂行规定》放宽了对集体经济、合作经营和个体经济的限制。到了20世纪90年代，随着国有企业改革的不断深入，下岗职工的再就业问题成为关系改革能否推进的关键。1995年4月，《关于实施再就业工程的报告》要求在全国实施再就业工程。1998年6月，《中共中央、国务院关于切实做好国有企业下岗职工基本生活保障和再就业工作的通知》要求，凡是有下岗职工的企业都要建立再就业服务中心，作为下岗职工走向社会的中转平台，保证他们的基本生活需要，对他们进行技能培训。

进入 21 世纪，就业工作面临的形势更加复杂，表现在下岗失业人员的再就业问题、农村富余劳动力的转移问题、大学生的就业问题，这些问题交织在一起。为此，党和政府实行积极的就业政策，积极的就业政策就是通过增加就业岗位为目标，以加大资金投入为保障，通过税收减免、财政投入、小额贷款、就业援助、社会保险补贴等方式，帮助需要就业的人员就业。2007 年《中华人民共和国就业促进法》颁布实施，将积极的就业政策用法律的形式确定下来。自 2008 年国际金融危机以来，我国实施了更为积极的就业政策。2011 年 3 月“十二五”规划纲要指出“实施就业优先战略”，对“十二五”期间的就业优先战略作了全面部署。2012 年，党的十八大报告指出，“推动实现更高质量的就业”，“引导劳动者转变就业观念，鼓励多渠道多形式就业，促进创业带动就业”等。2017 年党的十九大报告指出：“要坚持就业优先战略和积极就业政策，实现更高质量和更充分就业。”“提供全方位公共就业服务，促进高校毕业生等青年群体、农民工多渠道就业创业。破除妨碍劳动力、人才社会性流动的体制机制弊端，使人人都有通过辛勤劳动实现自身发展的机会。”

（三）社会保障

社会保障是社会发展的稳定器。改革开放之初，我们党和政府就开始在养老保险、待业保险等方面探索。以党的十四大和党的十四届三中全会为标志，我国社会保障制度的改革进入了适应社会主义市场经济的阶段。这一阶段主要是将其作为市场经济体制的五大支柱之一，到 2002 年，我国社会保障基本框架已初步建立，社会保障覆盖面从国有企业职工扩大到城镇所有职工和居民，社会保障由“单位管理”转变为“社会管理”。

具体到社会保险方面，1997 年 7 月，国务院作出《关于建立统一的企业职工基本养老保险制度的决定》，统一了全国城镇企业职工养老保险制度。1998 年 12 月，国务院发出《关于建立城镇职工基本医疗保险制度的决定》，决定在全国范围内进行城镇职工医疗保险制度改革。1999 年 1 月，国务院颁布《失业保险条例》，要求城镇企业职工必须参加失业保险，对参保范围、失业保险金标准等作出规定。2000 年，国务院决定建立全国社会保障基金，作为养老保险等社会保障的财力储备。在社会救助、社会福利、住房保障等方面，1994 年 7 月《国务院关于深化城镇住房制度改革的决定》出台，要求将原来由国家、单位统包的体制改为国家、单位、个人三者合理负担的体制；1996 年 8 月《中华人民共和国老年人权益保障法》通过，要求国家采取措施逐步改善老年人生活、健康等事业；1998 年 7 月，国务院发出《关于进一步深化城镇住房制度改革加快住房建设的通知》，要求稳步推进住房商品化、社会化，要求全面推行住房公积金制度。1999 年 9 月，国务院发出《城市居民最低生活保障条例》，明确了城市低保的条件，标志着我国城市居民最低生活保障制度建设进入规范化、制度化、科学化轨道。

党的十六大以来，社会保障建设进入新的阶段，以基本养老、基本医疗、最低生活保障制度为重点，逐步建立起覆盖不同人群的社会保障制度。2007 年 7 月，国务院发出《关于在全国建立农村最低生活保障制度的通知》，要求在全国范围内建立农村最低生活保障制度。2007 年，国务院印发的《关于解决城市低收入家庭住房困难的若干意见》提出，要把城市低收入家庭住房困难的群众纳入政府住房保障的职责，这就形成了住房制度的两种体系，一种是商品房体系，另一种是保障性住房体系。2009 年 9 月，国务院印发《关于开展新型农村社会养老保险试点的指导意见》，决定开展农村养老保险试点改革，到 2012 年基本实现了全覆盖。2011 年 6 月，国务院印发《关于开展城镇居民社会养老保险试点的指导意见》，要求年满 16 周岁（不含在校学生）、不符合职工基本养老保险参保条件的城镇非农业居民可以参加城镇居民养老保险。

党的十八大以来，党中央高度重视社会保障工作。2013 年 9 月国务院出台了《关于加快发展养老服务业的若干意见》，2014 年 2 月国务院出台了《关于建立统一的城乡居民基本养老保险制度的意见》，2015 年 7 月国务院办公厅出台了《关于全面实施城乡居民大病保险的意见》，2016 年 1 月国务院出台了《关于整合城乡居民基本医疗保险制度的意见》。综观近年来的发展，社会保障制度取得了重要成就，覆盖城乡的社会保障体系基本建立。全面推进机关事业单位养老保险制度改革，实现了机关事业单位和企业的养老保险制度并轨。建立统一的城乡居民基本养老保险制度，打通了职工和居民两大基本养老保险制度。基本医疗保险覆盖人数超过 13 亿人，全民医保基本实现，被国际社会保障协会授予“社会保障杰出成就奖”。

四、加强和创新社会治理

（一）从管控到经营，从经营到管理，从管理到治理

改革开放40多年，中国的社会治理在理念上经历了一个发展变化的过程。

1. 管控

管控体现在：1982年党的十二大将计划生育确定为我国基本国策，并写入《中华人民共和国宪法》；1983年党中央作出《关于严厉打击刑事犯罪活动的决定》；1985年《公安部关于城镇暂住人口管理的暂行规定》颁布，开始对流动人口实行暂住证管理；1988年民政部设立“社会团体管理司”，专门负责社会团体的登记管理；1991年《中共中央、国务院关于加强社会治安综合治理的决定》颁布，社会治安综合治理委员会成立。之所以重视管控，是因为随着改革开放的深入，人们的思想获得了解放，一方面社会的活力增加，另一方面人们的思想也产生了一些混乱，在这个时期有不少人打着“民主”“自由”“人权”的旗帜，猖狂地进行反党反社会主义的活动。可以说，一方面我们要解放思想，另一方面我们要维护社会稳定。为了解决这些问题，邓小平提出必须坚持社会主义道路，坚持无产阶级专政，坚持中国共产党的领导，坚持马克思列宁主义和毛泽东思想。要想获得好的社会治安，还必须严厉打击犯罪分子，在此后的几年里，全国开展了“严打”行动。

2. 经营

经营表现在教育、医疗、住房等公共领域出现了明显的市场化、产业化倾向；社会治理领域中出现了相关立法，例如 1994 年颁布《中华人民共和国劳动法》；1996 年通过《中华人民共和国老年人权益保障法》；1998 年《中华人民共和国村民委员会组织法》正式实施；1998 年《社会团体登记管理条例》正式实施；1999 年《住房公积金管理条例》正式实施。之所以要强调经营，是因为随着经济体制的转变，社会层面也发生深刻变化，人们逐渐由“单位人”变成了“社会人”，经济成分、经济利益、社会组织、就业形式等日趋多样化，在这种情况下不仅要强调经济的发展，而且要强调社会的全面进步。因为这个时期党中央认识到社会主义社会是全面发展、全面进步的社会，不仅要有物质文明，还要有精神文明；不仅要有经济发展，还要有社会发展。这些方面是相辅相成的，缺少任何一个方面，都不能成为具有中国特色的社会主义。

3. 管理

2004 年党的十六届四中全会提出党委领导、政府负责、社会协同、公众参与的社会管理基本格局；2007 年党的十七大强调完善社会管理，维护社会安定团结，提出要完善信访制度，健全党和政府主导的维护群众权益机制；要重视社会组织建设和管理；要加强流动人口服务和管理；要完善突发事件应急管理机制；等等。2010 年中央政法委确定了 35 个全国社会管理创新综合试点城市，并印发《全国社会管理创新综合试点指导意见》。2011 年 7 月，中共中央、国务院颁布《关于加强和创新社会管理的意见》，表明国家将社会管理创新上升为国家重大战略。2012年党的十八大依然强调“加强和创新社会管理”，提出要提高社会管理科学化水平，必须加强社会管理法律、体制机制、能力、人才队伍和信息化建设。

4. 治理

2013年党的十八届三中全会作出的《中共中央关于全面深化改革若干重大问题的决定》中首次使用了“社会治理”的概念，提出了“创新社会治理体制”“创新社会治理”“提高社会治理水平”“改进社会治理方式”等。从“管理”到“治理”，一字之差，反映的却是一种理念的升华。从主体上看，管理更强调主体对客体的管理和控制，而治理强调一方主体与另一方主体的平等合作；从过程上看，管理是单向度的，强调政府对社会单方面的自上而下的控制，而治理强调多元主体之间的协商与合作；从内容上看，管理强调政府对社会公共事务的管理，治理则首先强调公民对公共事务的自治；从结果上看，管理体现为刚性的、被动的，而治理则表现为柔性的、主动参与性的。2014年中组部、民政部发出《关于进一步开展社区减负工作的通知》，2015年中央办公厅印发《关于加强城乡社区协商的意见》，2017年中共中央、国务院印发《关于加强和完善城乡社区治理的意见》。在现代社会组织体制的建设上，围绕着“政社分开、权责明确、依法自治”的方向，深化登记管理制度改革，群团组织“去四化”“强三性”改革，事业单位分类改革，行业协会商会与行政机构脱钩改革等。

（二）党委领导、政府负责、社会协同、公众参与、法治保障的社会治理体制

2004 年 9 月，党的十六届四中全会提出要深入研究社会管理规律，完善社会管理体系和政策法规，整合社会管理资源，建立健全党委领导、政府负责、社会协同、公众参与的社会管理格局。这是我们党的历史上第一次提出“社会管理格局”，反映了对社会管理中谁来管和怎么管的总体设计。2012 年，党的十八大报告将社会管理和民生并列为社会建设的重要内容，并且在社会管理体制中增加了“法治保障”这一新的内容。2013 年，党的十八届三中全会对创新社会治理体制进行了讨论，正式提出了“社会治理”概念。

党委领导就是要发挥党委总揽全局、协调各方的领导核心作用。中国共产党是执政党，处在领导核心地位，办好中国的事情关键在党，社会治理的关键同样在党；政府负责就是要发挥政府的主导作用，落实好各部门的职责。在我们国家进行社会治理，需要政府承担更多的公共服务，需要政府对社会事务进行规范和调节；社会协同就是要发挥人民团体、基层组织、社会组织的协同作用。社会治理是需要全社会共同参与的，是全社会的事情，需要发挥各种社会组织的合力。要实施社会治理，没有各种社会主体的参与是不行的；公众参与是指要广泛动员广大人民群众参与社会治理，在自我管理、自我服务、自我发展中实现社会的共治共享。在社会治理中，广大社会成员要积极地表达自己的需求，根据自身实际提出各种服务要求，对社会服务进行监督，等等；法治保障就是在社会治理的过程中要求各类社会主体遵守法律规定、尊重法治

精神，坚持以法治精神来协调各种错综复杂的利益关系，解决各种可能出现的社会矛盾，通过法治精神来引领、谋划、实施社会治理目标。

（三）加强对各种社会群体的规范和服务

改革开放以来，我国出现了各种各样的社会组织，加强和创新社会治理就要处理好与各种社会组织的关系。例如，非公有制企业是随着社会主义市场经济的发展涌现出的社会组织之一，其从业人员在我国工人阶级中已占多数。党中央的一个重要措施就是在非公有制经济组织中建立党组织。2012 年 3 月，《关于加强和改进非公有制企业党的建设工作的意见（试行）》指出，具备建立党组织条件的企业，实现党的组织覆盖；因条件暂不具备尚未建立党组织的企业，实现党的工作覆盖。例如，随着工业化和城镇化的发展，出现了许多进城务工人员，2006 年，《国务院关于解决农民工问题的若干意见》提出要逐步解决在城市就业和居住的进城务工人员户籍问题；2007 年，宣布要逐步取消农业户口、非农业户口的二元户口性质；党的十八大指出，要有序推进农业转移人口市民化，加快户籍制度改革；2014 年 7 月，《国务院关于进一步推进户籍制度改革的意见》正式公布，文件指出："建立城乡统一的户口登记制度。取消农业户口与非农业户口性质区分和由此衍生的蓝印户口等户口类型，统一登记为居民户口，体现户籍制度的人口登记管理功能。建立与统一城乡户口登记制度相适应的教育、卫生计生、就业、社保、住房、土地及人口统计制度。"这标志着在我国实行了半个多世纪的"农业""非农业"二元户籍管理模式退出了历史舞台。

第十章

美丽中国：人与自然和谐共生的现代化

坚持人与自然和谐共生，坚持节约优先、保护优先、自然恢复为主的方针，像保护眼睛一样保护生态环境，像对待生命一样对待生态环境，让自然生态美景永驻人间，还自然以宁静、和谐、美丽。

——习近平在全国生态环境保护大会上的讲话（2018 年 5 月 18 日至 19 日）

“美丽中国”是中国共产党使用诗意的语言对中国发展的形象化表达。改革开放以来，中国一直按照尊重自然、顺应自然、保护自然的理念，贯彻控制人口、节约资源和保护环境的基本国策，本着对人民群众负责、对后代负责的高度责任感，把生态文明建设融入经济建设、政治建设、文化建设、社会建设的方方面面，尽管这中间也出现过自然资源恶化、生态环境破坏的情况，但是在中国共产党的带领下，中国正在努力开创一条人与自然和谐共生的社会主义生态文明新路。

一、生态文明建设的历史进程

（一）从1978年到1989年，协调人口、资源与环境之间的关系

改革开放之前，中国共产党已经认识到环境保护的重要性。1973年，国务院通过了《关于保护和改善环境的若干规定》，这是中国第一个环境保护文件。1978年，邓小平在谈到加强法制时就提出要制定与资源环境相关的一些法律：“应该集中力量制定刑法、民法、诉讼法和其他各种必要的法律，例如工厂法、人民公社法、森林法、草原法、环境保

护法、劳动法、外国人投资法等等。”[1] 1982年，党的十二大召开，胡耀邦在谈到农业问题时指出：“目前我国农业的劳动生产率和商品率都比较低，抗御自然灾害的能力还很薄弱，特别是人多耕地少的矛盾将越来越突出。今后必须在坚决控制人口增长、坚决保护各种农业资源、保持生态平衡的同时，加强农业基本建设，改善农业生产条件，实行科学种田，在有限的耕地上生产出更多的粮食和经济作物。”[2] 他还谈到了人口问题的重要性，“人口问题始终是极为重要的问题。实行计划生育，是我国的一项基本国策。到本世纪末，必须力争把我国人口控制在十二亿以内。我国人口现在正值生育高峰，人口增长过快，不但将影响人均收入的提高，而且粮食和住宅的供应、教育和劳动就业需要的满足，都将成为严重的问题，甚至可能影响社会的安定”[3]。这两段话中，前一段话重点讲资源，特别是土地资源；后一段话重点讲人口，整体上看就是中国人口与土地资源之间的紧张关系，必须想办法协调它们之间的关系。

1987年党的十三大召开，会议重点分析了我国的人口结构，并提出了一些重要措施。这次会议将人口、资源与环境的关系放到了影响经济和社会发展全局的高度；还强调了环境保护中的一些基本原则，例如经济效益、社会效益和环境效益的结合。

〔1〕邓小平：《解放思想，实事求是，团结一致向前看》，《邓小平文选》第二卷，人民出版社1994年版，第146页。
〔2〕胡耀邦：《全面开创社会主义现代化建设的新局面》，《十二大以来重要文献选编》（上），人民出版社1986年版，第14—15页。
〔3〕胡耀邦：《全面开创社会主义现代化建设的新局面》，《十二大以来重要文献选编》（上），人民出版社1986年版，第16页。

（二）从1989年到2002年，实施可持续发展战略

1989年，党的十三届四中全会之后，以江泽民同志为主要代表的中国共产党人制定和实施了可持续发展战略。1997年党的十五大召开，江泽民在谈到我国面临的问题时指出，“人口增长、经济发展给资源和环境带来巨大的压力”[1]；在谈到中国特色社会主义初级阶段的特点时指出，“农业人口占很大比重、主要依靠手工劳动的农业国”，“文盲半文盲人口占很大比重”，“贫困人口占很大比重、人民生活水平比较低”，等等[2]。那么这些问题如何解决呢？江泽民提出了实施可持续发展战略：“我国是人口众多、资源相对不足的国家，在现代化建设中必须实施可持续发展战略。坚持计划生育和保护环境的基本国策，正确处理经济发展同人口、资源、环境的关系。资源开发和节约并举，把节约放在首位，提高资源利用效率。统筹规划国土资源开发和整治，严格执行土地、水、森林、矿产、海洋等资源管理和保护的法律。实施资源有偿使用制度。加强对环境污染的治理，植树种草，搞好水土保持，防治荒漠化，改善生态环境。”[3]

2002年11月，江泽民在党的十六大报告中指出：“实施科教兴国和可持续发展战略，实现速度和结构、质量、效益相统一，经济发展和人口、资源、环境相协调。”“必须把可持续发展放在十分突出的地位，坚

〔1〕江泽民：《高举邓小平理论伟大旗帜，把建设有中国特色社会主义事业全面推向二十一世纪》，《江泽民文选》第二卷，人民出版社2006年版，第7页。

〔2〕江泽民：《高举邓小平理论伟大旗帜，把建设有中国特色社会主义事业全面推向二十一世纪》，《江泽民文选》第二卷，人民出版社2006年版，第14页。

〔3〕江泽民：《高举邓小平理论伟大旗帜，把建设有中国特色社会主义事业全面推向二十一世纪》，《江泽民文选》第二卷，人民出版社2006年版，第26页。

持计划生育、保护环境和保护资源的基本国策。稳定低生育水平。合理开发和节约使用各种自然资源。抓紧解决部分地区水资源短缺问题，兴建南水北调工程。实施海洋开发，搞好国土资源综合整治。树立全民环保意识，搞好生态保护和建设。”

（三）从2002年到2012年，推进生态文明建设

党的十六大之后，以胡锦涛同志为主要代表的中国共产党人提出了生态文明建设。2007年10月，党的十七大召开，胡锦涛在谈到过去五年的工作时指出“能源资源节约和生态环境保护取得新进展”，在谈到前进中还面临的困难和问题时指出“经济增长的资源环境代价过大”。那么如何解决“经济增长的资源环境代价过大”的问题，他在党的十七大报告中指出：“坚持生产发展、生活富裕、生态良好的文明发展道路，建设资源节约型、环境友好型社会，实现速度和结构质量效益相统一、经济发展与人口资源环境相协调，使人民在良好生态环境中生产生活。”在谈到全面建设小康社会的新要求中，强调“建设生态文明”，强调“生态文明观念在全社会牢固树立”。在未来五年的工作中，强调要重点采取下列措施加强能源资源节约和生态环境保护，增强可持续发展能力：把建设资源节约型、环境友好型社会放在工业化、现代化发展战略的突出位置；完善有利于节约能源资源和保护生态环境的法律和政策；落实节能减排工作责任制；发展清洁能源和可再生能源；发展环保产业；加强水利、林业、草原建设，加强荒漠化石漠化治理，促进生态修复，等等。

2012年11月，党的十八大召开，胡锦涛作《坚定不移沿着中国特

色社会主义道路前进，为全面建成小康社会而奋斗》的报告，他在谈到过去五年的工作时说："生态文明建设扎实展开，资源节约和环境保护全面推进"，在谈到工作中的不足时指出，"不可持续问题依然突出"，"资源环境约束加剧"，包括生态环境在内的关系群众切身利益的问题较多。基于上述认识，党的十八大将生态文明建设与经济建设、政治建设、文化建设、社会建设一起列为"五位一体"总体布局。为了突出生态文明建设的重要性，党的十八大报告单列一部分论述，指出"建设生态文明，是关系人民福祉、关乎民族未来的长远大计"，要从几个方面重点解决，例如优化国土空间开发格局、全面促进资源节约、加大自然生态系统和环境保护力度、加强生态文明制度建设，等等。

（四）从2012年到现在，加快生态文明体制改革

党的十八大之后，以习近平同志为核心的党中央重点从体制改革上建设生态文明。2017年10月，党的十九大召开，习近平总书记在谈到过去五年的工作时指出"生态文明建设成效显著"，在谈到困难和挑战时指出"生态环境保护任重道远"，并且将环境与民主、法治、公平、正义、安全一起列入了主要矛盾中，将其称为阻碍人民美好生活实现的主要制约因素之一。如何解决这个问题？答案是加快生态文明体制改革，主要包括：推进绿色发展、着力解决突出环境问题、加大生态系统保护力度、改革生态环境监管体制。

二、人口治理

（一）人口规模

人口、资源和环境是一个社会发展的三个基本要素。在这三个要素中，人口是排在第一位的。如果人口规模不合理，与社会生产力的发展不相适应，不仅难以满足人们的基本生活需要，而且必然给自然环境造成极大的破坏。改革开放之后，邓小平多次谈到人口对经济社会发展的制约作用。1979 年 3 月 30 日，邓小平在党的理论工作务虚会上指出："现在全国人口有九亿多，其中百分之八十是农民。人多有好的一面，也有不利的一面。在生产还不够发展的条件下，吃饭、教育和就业就都成为严重的问题。"[1]"耕地少，人口多特别是农民多，这种情况不是很容易改变的。这就成为中国现代化建设必须考虑的特点。"[2]正因为人口问题如此重要，必须高度重视和处理这一问题，我国实行了控制人口规模的政策。1980 年 9 月，《中共中央关于控制我国人口增长问题致全体共产党员共青团员的公开信》指出："提倡一对夫妇只生育一个孩子。这是一项关系到四个现代化建设的速度和前途，关系到子孙后代的健康和幸福，符合全国人民长远利益和当前利益的重大措施"，"在提倡一对夫妇只生育一个孩子的同时，还要适当强调晚婚晚育"。由于人口自然增长率回升趋势压力加大，1982 年 2 月 9 日又作出《中共中央、国务院关于进一步做好计划生育工作的指示》，要求国家干部和职工、城镇居

〔1〕邓小平：《坚持四项基本原则》，《邓小平文选》第二卷，人民出版社 1994 年版，第 164 页。
〔2〕邓小平：《坚持四项基本原则》，《邓小平文选》第二卷，人民出版社 1994 年版，第 164 页。

民，除特殊情况经过批准外，一对夫妇只生育一个孩子，农村普遍提倡一对夫妇只生育一个孩子，对于少数民族也要提倡计划生育，等等。

党的十三届四中全会之后，以江泽民同志为主要代表的中国共产党人依然高度重视控制人口问题。一方面表现在对人口增长提出了明确的计划指标，并采取了许多有针对性的措施。1991 年 5 月 12 日《中共中央、国务院关于加强计划生育工作严格控制人口增长的决定》指出："争取今后十年平均年人口自然增长率控制在千分之十二点五以内。"为了达到这个目标，除了继续把计划生育作为一项长期的基本国策外，还要求各级党委和政府承担完成本地区人口计划的责任，作为衡量干部政绩的一项重要指标；要严格依法管理计划生育，把计划生育纳入法制轨道；要抓住重点，把着眼点放在基层，放在农村；各部门在制定有关社会福利、劳动就业以及其他方面的政策时，要有利于鼓励晚婚晚育、少生优生；等等。另一方面还表现在稳定低生育水平。2000 年 3 月 2 日，《中共中央、国务院关于加强人口与计划生育工作稳定低生育水平的决定》指出，"稳定低生育水平是今后一个时期重大而艰巨的任务"，"未来十年是稳定低生育水平的关键时期"；在工作目标中指出，到 2010 年年末全国人口控制在十四亿以内，平均人口出生率不超过千分之十五。计划生育的基本国策是符合我国实际的人口发展道路，经过全党全社会多年的不懈努力，我国人口过快增长得到了有效控制，人口再生产类型实现了历史性转变，有效缓解了人口对资源环境的压力，促进了经济社会较快发展和社会进步。

对于计划生育可能带来的人口老龄化问题，实际上改革开放一开始党中央就注意到了。1980 年 9 月，《中共中央关于控制我国人口增长问题致全体共产党员共青团员的公开信》中用人口“老化”来表述，在谈到“老化”问题时说：“人口‘老化’的现象在本世纪不会出现”，“老化现象最快也得在四十年以后才会出现。我们完全可以提前采取措施，防止这种现象发生”。但是随着我国人口老龄化的不断加剧，我国成为世界上老年人口最多的国家，也是老龄化发展速度最快的国家之一。为了应对这种情况，我们党和国家适时调整政策。2013 年 12 月，中共中央、国务院出台了《关于调整完善生育政策的意见》，文件指出要启动实施一方是独生子女的夫妇可生育两个孩子的政策，即单独两孩政策。这样做有利于经济持续健康发展，有利于家庭幸福与社会和谐，有利于促进人口长期均衡发展。2015 年 12 月，中共中央、国务院又出台了《关于实施全面两孩政策改革完善计划生育服务管理的决定》，文件指出“我国人口发展呈现出重大转折性变化”，例如老龄化程度不断加深、家庭规模趋向小型化、人口红利减少等，因此有必要启动实施全面两孩政策。

（二）人口素质

人口既有量的规定，也有质的规定。人口量的规定就是人口规模，人口质的规定则是指人口素质。人口素质对一个社会的发展同样非常重要。一个国家、一个地区，其经济发展水平和潜力越来越取决于人口素质，取决于知识分子的数量和质量。如何提高人口素质呢？一个方面是教育。邓小平非常重视这一点，他指出：“一个十亿人口的大国，教育搞上去了，人才资源的巨大优势是任何国家比不了的……现在小学一年级的娃娃，经过十几年的学校教育，将成为开创二十一世纪大业的生力军。中央提出要以极大的努力抓教育，并且从中小学抓起，这是有战略眼光的一着。”[1]“忽视教育的领导者，是缺乏远见的、不成熟的领导者，就领导不了现代化建设。各级领导要像抓好经济工作那样抓好教育工作。”[2]此后，党的领导人都非常重视教育与人口素质的密切关系。例如 1994 年，江泽民在全国教育工作会议上指出：“在我们这样一个有近十二亿人口、资源相对不足、经济文化比较落后的国家，依靠什么来实现社会主义现代化建设的宏伟目标呢？具有决定性意义的一条，就是把经济建设转到依靠科技进步和提高劳动者素质的轨道上来，真正把教育摆在优先发展的战略地位。”[3]例如，习近平总书记也指出，教育是提高人民综合素质、促进人的全面发展的重要途径，是民族振兴、社会进步的重要基石，是对中华民族伟大复兴具有决定性意义的事业。中国这么多人，教育上去了，将来人才就会像井喷一样涌现出来。这是最有竞争力的。

另一方面是做好“优生、优育”。1982 年 2 月 9 日，《中共中央、国务院关于进一步做好计划生育工作的指示》谈到了“提高人口素质”，采取的措施是“优生、优育”，“要对各族群众特别是青年进行优生、优育知识的宣传教育。医疗卫生单位要积极创造条件，设立优生咨询门诊，说服有遗传性疾病的夫妇不要生育，以免造成家庭和社会的负担。要加强妇幼保健工作，做好孕产期保健、婴幼儿喂养和早期教育等方面的工作”。1996 年 3 月 10 日，江泽民在中央计划生育工作座谈会上谈到这一问题时说：“在这里，我要强调一下优生问题。这是关系

〔1〕邓小平：《把教育工作认真抓起来》，《邓小平文选》第三卷，人民出版社 1993 年版，第 120 页。
〔2〕邓小平：《把教育工作认真抓起来》，《邓小平文选》第三卷，人民出版社 1993 年版，第 121 页。
〔3〕江泽民：《振兴民族的希望在教育》，《江泽民文选》第一卷，人民出版社 2006 年版，第 369 页。

中华民族兴旺发达的大事。优生是全面提高人口素质的前提条件，是我国人口政策不可分割的重要内容。只有出生的孩子都是比较健康的、聪明的，我们民族和国家的未来发展才有希望。”[1]

三、保护环境

（一）《中华人民共和国环境保护法》的颁布

人与环境之间是相互依存的，良好的环境是人赖以存在的基础，人对环境的破坏最终会返还人类自身。1979 年 9 月，《中华人民共和国环境保护法（试行）》颁布，第一次为环境保护提供了法律保障和法律框架。这一法律要求在社会主义现代化建设中，合理地利用自然环境，防治环境污染和生态破坏，为人民造成清洁适宜的生活和劳动环境。此后，环境保护在国民经济发展中的地位得到了越来越多的重视，在许多会议和文件中都体现出环境保护的要求。例如，1983 年 12 月召开的第二次全国环境保护会议，将环境保护确立为一项基本国策；从 1983 年开始，环境保护作为一项重要内容被写入政府工作报告；1984 年国务院发出《关于环境保护工作的决定》；1990 年又颁布《国务院关于进一步加强环境保护工作的决定》；等等。同时，还出台了一系列环境保护的制度措施。例如，在排污收费制度和环境影响评价制度的基础上又制定了“三大环保政策体系”，即“预防为主、防治结合”“谁污染、谁治

〔1〕江泽民：《坚定不移地贯彻计划生育的基本国策》，《江泽民文选》第一卷，人民出版社 2006 年版，第 520 页。

理”“强化环境管理”。1989 年，国务院召开了第三次全国环境保护会议，推出了五项新的制度，即环境保护目标责任制、城市环境综合整治定量考核制度、污染集中控制制度、排污许可证制度、污染限期治理制度。

在这一时期，我国还颁布了一系列有关环境保护的法律法规。例如，1982 年的《中华人民共和国海洋环境保护法》、1984 年的《中华人民共和国水污染防治法》、1987 年的《中华人民共和国大气污染防治法》等。其中非常重要的是在 1989 年 12 月，第七届全国人大常委会第十一次会议通过了《中华人民共和国环境保护法》。这部法律对 1979 年的试行法作了重大修改，标志着中国环境保护法制建设的一个重大进展。

（二）生态环境的保护和修复

进入 20 世纪 90 年代，我们党在环境保护上主要有两个思路：一个思路是继续深化污染防治的各项措施。在此之后，我国逐渐从侧重于污染的末端治理转变为生产全过程控制，从重浓度控制转变为浓度控制和总量控制相结合，从侧重分散的点源治理转变为分散治理和集中控制相结合。另一个思路是开始重视生态环境的保护和修复。江泽民指出：“历史遗留下来的这种恶劣的生态环境，要靠我们发挥社会主义制度的优越性，发扬艰苦创业的精神，齐心协力地大抓植树造林，绿化荒漠，建设生态农业去加以根本的改观。经过一代一代人长期地、持续地奋斗，再造一个山川秀美的西北地区，应该是可以实现的。”[1] 1998 年 11 月国务院印发了《全国生态环境建设规划》，这一文件包括自然资源保

〔1〕江泽民：《再造一个山川秀美的西北地区》，《江泽民文选》第一卷，人民出版社 2006 年版，第 659 — 660 页。

护、植树种草、水土保持、防治荒漠化、草原建设、生态农业等，提出了生态环境建设近期、中期和长期目标，是开展生态环境建设的行动纲领。2000 年 11 月，国务院又印发了《全国生态环境保护纲要》；2001 年 3 月，国家环保总局首批确定了 10 个国家级生态功能保护区建设试点；2002 年 8 月下发了《关于开展生态功能区划工作的通知》，启动了我国首次全国生态功能区划。在此期间，我国还实施了退耕还林和天然林保护工程，2002 年 4 月 11 日，国务院印发了《关于进一步完善退耕还林政策措施的若干意见》；2002 年 12 月 26 日，国务院颁布了《退耕还林条例》。

（三）建设环境友好型社会

科学发展观提出之后，我们党对保护环境的认识上升到一个新的高度。2005 年 3 月 12 日，胡锦涛在中央人口资源环境工作座谈会上的讲话中指出："要大力推进循环经济，建立资源节约型、环境友好型社会。"这是第一次提出"环境友好型社会"的理念。如何建设环境友好型社会呢？2005 年 10 月 11 日，胡锦涛在党的十六届五中全会第二次全体会议上指出了几项重点工作：一是要根据资源环境承载能力，对国土进行合理的功能区划分，对开发密度较高、资源环境承载能力开始减弱的区域要实行优化开发；对资源环境承载能力较强、集聚经济和人口条件较好的区域要重点开发；对生态脆弱、大规模集聚经济和人口条件不够好的区域要限制开发；对各类自然保护区和生态保护区要禁止开发。二是要着力解决危害人民健康的突出问题，例如城乡饮用水安全、大气污染治理、土壤污染治理等。三是要完善法律法规，健全生态补偿机制，提高环境监管执法能力等。这些思想是在原来环境保护思想上的进一步创新，例如实施主体功能区战略就是在生态功能区构想的基础上进一步拓展的。2010 年，国务院正式印发了《全国主体功能区规划》，这是新中国成立以来第一个全国性国土空间开发规划，通过确定不同区域的主体功能，逐步形成人口、资源与环境协调的开发格局。2011 年国务院又印发了《关于加强环境保护重点工作的意见》《国家环境保护“十二五”规划》等文件。在着力解决危害人民健康的突出问题上，2012 年国务院发布《环境空气质量标准》，增加了对 PM2.5 的监测指标，要求包括京津冀等重点区域的 74 个城市开展监测并发布数据。

（四）建设美丽中国

党的十八大以来，以习近平同志为核心的党中央高度重视生态环境保护。习近平总书记在致生态文明贵阳国际论坛 2013 年年会的贺信中指出：“走向生态文明新时代，建设美丽中国，是实现中华民族伟大复兴的中国梦的重要内容。中国将按照尊重自然、顺应自然、保护自然的理念，贯彻节约资源和保护环境的基本国策，更加自觉地推动绿色发展、循环发展、低碳发展，把生态文明建设融入经济建设、政治建设、文化建设、社会建设各方面和全过程，形成节约资源、保护环境的空间格局、产业结构、生产方式、生活方式，为子孙后代留下天蓝、地绿、水清的生产生活环境。”[1] 什么是美丽中国？美丽中国实际上就是指天蓝、地绿、水净、空气好的绿色中国，就是指能让老百姓呼吸上新鲜的空气、喝上干净的水、吃上放心的食物。美丽中国就是要将环境当作生产力。在新时代的条件下

---

〔1〕习近平：《为子孙后代留下天蓝、地绿、水清的生产生活环境》，《习近平谈治国理政》第一卷，外文出版社 2018 年版，第 211—212 页。

如何推进环境保护呢？习近平总书记指出，重点在环保管理体制的改革，要实行能源和水资源消耗、建设用地等总量和强度双控行动；要探索实行耕地轮作休耕制度；要实行省以下环保机构监测监察执法垂直管理制度；等等。这些措施取得了很大成效，有人将其概括为五个“前所未有”，即“思想认识程度之深前所未有”，全党贯彻绿色发展理念的自觉性和主动性显著增强；“污染治理力度之大前所未有”，发布了三个“十条”，也就是大气、水、土壤污染防治三大行动计划；“制度出台频度之密前所未有”，通过了40多项生态环境保护的具体改革方案；“监管执法尺度之严前所未有”，多部涉及环境保护的法律完成修订，新的环境保护法通过实施；“环境质量改善速度之快前所未有”，全国环境问题有显著改善。

四、节约资源

我国疆域辽阔，自然资源丰富，但是由于我国的人口基数大，存在人均占有量少且分布不均匀的问题。与人口、环境问题不同，计划生育和保护环境在改革开放一开始就被定为基本国策，而节约资源在2007年《中华人民共和国节约能源法》修改后，才被确定为基本国策。改革开放开始后，我们对资源问题更多是从珍惜资源和保护资源的角度去认识。例如，1980年5月，邓小平针对某些单位不注意节约使用煤和油的现象指出，要提高煤和油的价格，这是保护能源的政策。同时，为了保护森林资源，1982年11月邓小平为全军植树造林总结经验表彰先进大会题词“植树造林，绿化祖国，造福后代”；1982年12月26日他在对林业部关于开展全民义务植树运动情况报告的批语是：“这件事，要坚持二十年，一年比一年好，一年比一年扎实。为了保证实效，应有切实可行的检查和奖惩制度。”[1]实际上，1981 年 12 月，全国五届人大四次会议就通过了《关于开展全民义务植树运动的决议》，将植树造林、绿化祖国规定为全民性的义务要求；1984 年 3 月，中共中央、国务院发出《关于深入扎实地开展绿化祖国运动的指示》，强调要搞好规划。这些措施对于资源保护起到了一定作用。

（一）把节约放在首位

20 世纪 90 年代，由于粗放式经营、高耗能产业在国民经济社会中的大量存在，不合理的资源利用方式与人均资源较少的国情之间的矛盾越来越尖锐，再加上国际上围绕资源争夺的较量日益突出，以江泽民同志为主要代表的中国共产党人提出要坚持资源开发和节约并举的方针，同时把节约放在首位。1997 年，江泽民指出：“我国是人口众多、资源相对不足的国家，在现代化建设中必须实施可持续发展战略。坚持计划生育和保护环境的基本国策，正确处理经济发展同人口、资源、环境的关系。资源开发和节约并举，把节约放在首位，提高资源利用效率。”[2]把节约放在首位，并不是为节约而节约，根本目的是提高资源利用效率。如何提高资源利用效率呢？党中央又进一步提出了“两个根本性转变”，即要积极推进资源利用方式从粗放向集约转变，走一条适合我国国情的资源节约型的经济发展新路子；积极推进资源管理方式的转变，建立适应发展社会主义市场经

〔1〕邓小平：《植树造林》，《邓小平文选》第三卷，人民出版社 1993 年版，第 21 页。
〔2〕江泽民：《高举邓小平理论伟大旗帜，把建设有中国特色社会主义事业全面推向二十一世纪》，《江泽民文选》第二卷，人民出版社 2006 年版，第 26 页。

济要求的集中统一、精干高效、依法行政、具有权威的资源管理新体制。

（二）建设资源节约型社会

进入新世纪新阶段之后，以胡锦涛同志为主要代表的中国共产党人深刻认识到推进经济结构调整、转变经济增长方式是解决资源环境与发展矛盾的关键之处。为此，2004 年 3 月 10 日，胡锦涛在中央人口资源环境工作座谈会上提出了建设资源节约型社会，他说："要在全社会树立节约资源的观念，培育人人节约资源的社会风尚。要在资源开采、加工、运输、消费等环节建立全过程和全面节约的管理制度，建立资源节约型国民经济体系和资源节约型社会，逐步形成有利于节约资源和保护环境的产业结构和消费方式，依靠科技进步推进资源利用方式根本转变，不断提高资源利用的经济、社会、生态效益，坚决遏制浪费资源、破坏资源的现象，实现资源的永续利用。"[1] 2005 年 10 月 11 日，党的十六届五中全会通过的《中共中央关于制定国民经济和社会发展第十一个五年规划的建议》提出："要把节约资源作为基本国策，发展循环经济，保护生态环境，加快建设资源节约型、环境友好型社会，促进经济发展与人口、资源、环境相协调。"这里，进一步将循环经济作为节约资源的关键环节。2005 年《国务院关于加快发展循环经济的若干意见》对发展循环经济的发展目标、主要指标、重点工作、重点环节、循环经济发展的宏观指导、循环经济的技术开发和标准体系建设等方面作出具体规定。

〔1〕胡锦涛：《建设自然就是造福人类》，《胡锦涛文选》第二卷，人民出版社 2016 年版，第 170 页。

（三）绿色循环低碳发展

党的十八大以来，以习近平同志为核心的党中央强调绿色发展，强调绿色循环低碳发展。2015 年 10 月 29 日，习近平总书记在党的十八届五中全会第二次全体会议上指出：“绿色发展注重的是解决人与自然和谐问题。绿色循环低碳发展，是当今时代科技革命和产业变革的方向，是最有前途的发展领域，我国在这方面的潜力相当大，可以形成很多新的经济增长点。”[1] 绿色发展强调的是在对待自然的问题上，要将环境资源作为经济社会发展的内在要素，要看到人因自然而生，人与自然是一种共生关系，对自然的伤害最终会伤及人类自身，要像保护眼睛一样保护环境资源，像对待生命一样对待环境资源。循环发展强调的是资源和废弃物的循环利用，主要是在全社会倡导一种减量化、再利用的发展理念，一方面从源头上减少能源资源消耗和废弃物的产生，另一方面要对产生的废弃物进行再利用。低碳发展强调的是要减少煤炭消耗在能源结构中的比例，低碳主要是指二氧化碳的排放，从广义上看也指尽量减少各种经济活动所耗用的能量。如何实现绿色循环低碳发展呢？习近平总书记在党的十九大报告中强调，要构建市场导向的绿色技术创新体系，发展绿色金融，壮大节能环保产业、清洁生产产业、清洁能源产业；要推进资源全面节约和循环利用，实施国家节水行动，降低能耗、物耗，实现生产系统和生活系统循环链接；要倡导简约适度、绿色低碳的生活方式，反对奢侈浪费和不合理消费；等等。

---

〔1〕习近平：《以新的发展理念引领发展》，《习近平谈治国理政》第二卷，外文出版社 2017 年版，第 198 页。

第十一章

国家安全：中国特色强军之路

中华民族实现伟大复兴，中国人民实现更加美好生活，必须加快把人民军队建设成为世界一流军队。我们要不忘初心、继续前进，坚定不移走中国特色强军之路，把强军事业不断推向前进。

——习近平在庆祝中国人民解放军建军 90 周年大会上的讲话（2017 年 8 月 1 日）

没有巩固的国防，没有强大的军队，就不可能维护国家的主权和领土完整，也不能为社会主义现代化建设提供强有力的保证。这是1840年鸦片战争以来的历史告诉我们的一个基本道理。改革开放以来，我们党在开辟中国道路的同时，在国防军队建设上也走出了一条中国特色社会主义军队建设道路。

一、军队建设的历史进程

（一）从1978年到1989年，提出革命化、现代化、正规化的总目标

改革开放之后，邓小平提出了新时期军队建设的总目标，即建设革命化、现代化、正规化的军队。1982年，党的十二大报告指出："我们要努力加强人民解放军的建设，把我军建成一支强大的现代化、正规化的革命军队，进一步提高我军在现代战争条件下的自卫能力。"1987年，党的十三大报告指出："军队的整编和改革取得重大成就，在裁军百万的同时，革命化、现代化、正规化建设有了新的进步，防卫作战能力有了新的提高。"什么是革命化、现代化和正规化呢？所谓革命化，就是

坚持党对军队的绝对领导，坚持全心全意为人民服务的根本宗旨。现代化有两个方面，一个是软件的现代化，主要指官兵素质、战略指导思想、体制编制等；另一个是硬件的现代化，包括武器装备、战场、道路、机场、港口等设施建设。正规化就是要有完善的军队法规体系，要有严格的纪律，要建立制度化规范化的训练体制，要有科学的管理水平。按照革命化、现代化、正规化的总目标，军队进行了两次精简整编任务，第一次是1982年到1983年的精简整编，将中国人民解放军炮兵、装甲兵、工程兵领导机关缩编为总参谋部的业务部门，将铁道兵与铁道部合并，撤销了基建工程兵等；第二次是1985年百万裁军，这次整编将11个大军区合并为7个大军区，精简撤销了31个军级单位、4054个师团级单位，将保留的陆军全部整编为集团军。

（二）从1989年到2002年，提出“政治合格、军事过硬、作风优良、纪律严明、保障有力”的总要求

党的十三届四中全会之后，以江泽民同志为主要代表的中国共产党人把革命化、现代化、正规化的总目标落实到军队建设的各项工作中，提出了“政治合格、军事过硬、作风优良、纪律严明、保障有力”的总要求。1997年在党的十五大报告中，江泽民指出：“要按照政治合格、军事过硬、作风优良、纪律严明、保障有力的总要求，积极推进军队的建设和改革，把人民解放军的革命化、现代化、正规化建设提高到一个新水平。”2002年在党的十六大报告中，他再次指出：“坚持以毛泽东军事思想、邓小平新时期军队建设思想为指导，全面贯彻‘三个代表’重要思想，按照政治合格、军事过硬、作风优良、纪律严明、保障有力的

总要求，紧紧围绕打得赢、不变质两个历史性课题，坚定不移地走中国特色的精兵之路，加强军队的革命化现代化正规化建设。”这五句话的总要求抓住了军队战斗力生成的关键因素，是新时期军队发展的指针。所谓政治合格，就是要忠于党、忠于国家、忠于社会主义、忠于人民；军事过硬就是在可能发生的战争中，能够顺利完成党中央、中央军委交给的各项任务，保卫人民的利益；作风优良就是一不怕苦，二不怕死；纪律严明就是一切行动听指挥；保障有力就是要在战略物资的可靠性、安全性上，提供全方位的应急保障能力。

（三）从 2002 年到 2012 年，提出“三个提供、一个发挥”的历史使命

党的十六大以来，以胡锦涛同志为主要代表的中国共产党人根据党所担负的历史使命，对军队建设在新世纪的历史使命进行了深入思考。2004 年，胡锦涛首次提出：“为党巩固执政地位提供重要力量保证，为维护国家发展的重要战略机遇期提供坚强安全保障，为维护国家利益提供有力战略支撑，为维护世界和平与促进共同发展发挥重要作用，是新世纪新阶段军队历史使命。”[1] 2007 年，党的十七大报告进一步提出了履行新使命的重要原则，即“必须坚持以毛泽东军事思想、邓小平新时期军队建设思想、江泽民国防和军队建设思想为指导，把科学发展观作为国防和军队建设的重要指导方针，贯彻新时期军事战略方针，加快中国特色军事变革，做好军事斗争准备，提高军队应对多种安全威胁、完成

〔1〕胡锦涛：《军队要听党指挥、服务人民、英勇善战》，《胡锦涛文选》第二卷，人民出版社 2016 年版，第 601 页。

多样化军事任务的能力”。2012 年，党的十八大报告进一步指出：“要适应国家发展战略和安全战略新要求，着眼全面履行新世纪新阶段军队历史使命，贯彻新时期积极防御军事战略方针，与时俱进加强军事战略指导，高度关注海洋、太空、网络空间安全，积极运筹和平时期军事力量运用，不断拓展和深化军事斗争准备，提高以打赢信息化条件下局部战争能力为核心的完成多样化军事任务能力。”

（四）从 2012 年到现在，提出“听党指挥、能打胜仗、作风优良”的强军目标，把国防和军队建设提升到新高度

党的十八大以来，随着中国在各个领域取得了巨大成就，在世界范围内中国遇到了许多新的挑战，特别是一些西方国家对中国进行围堵打压。在这种情况下，习近平总书记站在历史和时代的高度，提出建设一支“听党指挥、能打胜仗、作风优良”的强军目标。围绕着这一强军目标，党中央全力推进国防和军队的现代化。2017 年在党的十九大报告中，习近平总书记在谈到党的十九大之前的工作时指出：“召开古田全军政治工作会议，恢复和发扬我党我军光荣传统和优良作风，人民军队政治生态得到有效治理。国防和军队改革取得历史性突破，形成军委管总、战区主战、军种主建新格局，人民军队组织架构和力量体系实现革命性重塑。加强练兵备战，有效遂行海上维权、反恐维稳、抢险救灾、国际维和、亚丁湾护航、人道主义救援等重大任务，武器装备加快发展，军事斗争准备取得重大进展。”

二、军队思想政治建设

（一）恢复和发扬政治工作的优良传统

政治工作是军队战斗力的源泉，是战胜敌人、完成任务的保证。邓小平曾经把军队中存在的问题概括为五个字：肿、散、骄、奢、惰。肿就是军队的编制、人数问题；散就是军队中有派性和纪律性差；骄就是没有艰苦奋斗的作风；奢就是重视享受，重视待遇；惰就是革命意志衰退，没有斗争精神。这几个方面的问题，可以说绝大部分都与政治工作密切相关。为了解决这些问题，邓小平指出要发扬政治工作的优良传统。1978 年 4 月 27 日到 6 月 6 日，我们党召开了全军政治工作会议。这次会议指明了在新的历史条件下发扬政治工作优良传统的方向。之后，党中央批准了《中共中央军委关于加强军队政治工作的决议》和《中国人民解放军政治工作条例》。

（二）把思想政治建设摆在全军各项建设的首位

党的十四大之后，随着改革开放和社会主义市场经济的发展，在军队中也出现了许多不良现象，例如拜金主义、个人主义、贪图享受，等等。如果任由这些不良现象存在，并且无限制地蔓延下去，就必然会削弱军队的凝聚力和战斗力。在 1994 年召开的军委扩大会议上，江泽民正式指出必须把思想政治建设摆在全军各项政治工作的首位。他说，思想政治建设是革命化建设的核心，是引导全军干部战士拒腐蚀、永不沾，永葆人民军队革命本色的可靠保证。所以必须高度重视军队的思想政治建设，把它摆在全军各项建设的首位。这里，所谓摆在首位就是把抓思想政治建设作为首要职责，将其贯穿到部队建设的全过程和始终。思想政治建设到底该如何抓呢？江泽民指出，要根据不同的对象突出不同的重点。例如，对于领导干部来说，要突出政治方向和政治纪律，就是要坚持马克思列宁主义、毛泽东思想、邓小平理论，坚持党对军队的绝对领导，坚持共产党人的政治本色；对于基本官兵来说，要倡导“爱国奉献、革命人生观、尊干爱兵和艰苦奋斗”为内容的四个教育。

（三）“忠诚于党、热爱人民、报效国家、献身使命、崇尚荣誉”的价值观

新世纪新阶段，我们国家各种社会思潮日益泛滥，主流意识形态遭到冲击。在这种情况下，为了抵御各种错误思潮的冲击，2008 年胡锦涛提出了当代革命军人的核心价值观，这个价值观就是“忠诚于党、热爱人民、报效国家、献身使命、崇尚荣誉”。忠诚于党就是坚定党对军队的绝对领导，坚决听党指挥；热爱人民就是践行全心全意为人民服务的根本宗旨；报效国家就是把个人命运和国家命运结合在一起；献身使命就是为了党和国家、人民的利益英勇奋斗、不怕牺牲；崇尚荣誉就是珍惜军队、军人的荣誉。2010 年，《中国人民解放军政治工作条例》将军人核心价值观作为思想政治建设的基础工程。

（四）“革命的政治工作是革命军队的生命线”

党的十八大之后，以习近平同志为核心的党中央非常重视军队的思想政治建设。习近平总书记 2014 年 10 月在全军政治工作会议的讲话中

指出，革命的政治工作是革命军队的生命线。实行革命的政治工作，保证了我军始终是党的绝对领导下的革命军队，为我军战胜强大敌人和艰难险阻提供了不竭力量，使我军始终保持了人民军队的本色和作风。这一论述包含着几个方面的含义：一是听党指挥，要毫不动摇地坚持党对军队绝对领导的根本原则和制度，始终做到同党中央、中央军委保持高度一致；二是在思想政治建设中要突出高中级干部的管理，要把好干部选出来，要强化对高中级干部的管理，以高标准、严措施来管理约束干部；三是要开展反腐败斗争，要以改革的思路推进反腐败工作，要坚定不移地把部队反腐败斗争引向深入。

三、军队建设的指导思想

（一）从临战准备状态向和平时期建设的转变

1985 年 5 月 23 日到 6 月 6 日，中央军委召开了一次大规模会议，在这次会议上中央军委作出国防和军队建设指导思想实行战略性转变的重大决策，即从立足于早打、大打、打核战争的临战准备状态，转变到和平时期建设的轨道上来。为什么会发生这么大的一个转变呢？一个原因是我国改变了之前认为战争不可避免、战争的危险离我国很近的看法；另一个原因是我国对外政策的调整，我国提出了独立自主的和平外交政策，反对霸权主义，维护世界和平；还有一个原因是在临战状态下，每年国家都要花费很大一部分资金用于国防，国家负担沉重。这样一个转变意义重大，这一转变从突出强调军事斗争需要，转向服务于国家经济建设；从重视军队数量规模，转向减少数量，提高军队质量上来；从全面反侵略战争的军事策略转到了可能发生的局部战争和冲突上来。

（二）两头兼顾，协调发展

如何协调国防建设和经济建设的关系，是任何国家都要回答的一个重要问题。江泽民针对这个问题提出了一些新的思考。1989 年 11 月，在中央军委扩大会议上，他说："对经济建设和国防建设的关系，中央政治局常委的意见是两头都要兼顾。一方面，军队要服从经济建设大局，继续贯彻忍耐的方针，发扬艰苦奋斗精神，体谅国家的困难。另一方面，国防费也要在国民经济发展的基础上逐年有所增加，使部队武器装备和生活条件逐步得到改善。"[1] 1997 年 7 月 31 日，在庆祝中国人民解放军建军 70 周年大会上的讲话中，他指出经济建设和国防建设要协调发展。两头兼顾和协调发展的含义是什么呢？一是必须坚持以经济建设为中心，国防建设必须服从国家经济建设的大局。也就是说，只有经济搞上去了，军队才能获得更多的投入，如果国防建设脱离了经济建设的大局，国防建设也不可能搞好；二是在集中力量进行经济建设的同时，也要加强国防建设，在国家财力增加的基础上不断增加国防建设的投入。无数事实告诉我们，世界并不太平，战争的危险依然时刻存在，如果不重视国防建设，那么很可能会丧失经济建设的大好局面。这就要求进行经济建设的时候也要考虑国防建设的需要，例如在高速公路上要预留飞机起降路段，在城市的住宅中也要考虑防空的需要。

〔1〕江泽民：《把军队的建设和改革搞得更好》，《江泽民文选》第一卷，人民出版社 2006 年版，第 77—78 页。

（三）富国和强军的统一

进入新世纪新阶段，国际国内形势发生了深刻的变化，军事因素在国际关系中影响比重日益上升，国防实力在国家发展中的特殊作用进一步显现。在这种情况下，2007 年 10 月，胡锦涛在党的十七大报告中指出："国防和军队建设，在中国特色社会主义事业总体布局中占有重要地位。必须站在国家安全和发展战略全局的高度，统筹经济建设和国防建设，在全面建设小康社会进程中实现富国和强军的统一。"为什么我们党在这一时期要提出这一思想呢？一个非常重要的原因是改革开放之后，我国的经济建设取得了很大的成就，到 2007 年国内生产总值跃升为世界的第四位，增长速度接近 10%，国防费总数虽然在增加，但是无论是与世界上的一些大国相比，还是在国家财政支出中的比重都不高，在国家安全需求日益突出的背景下，党中央作出了富国和强军统一的决策。

（四）全面实施改革强军战略

党的十八大以来，习近平总书记特别强调改革强军，他指出全面实施改革强军战略，坚定不移走中国特色强军之路。全面实施改革强军战略，就是要着力解决制约国防和军队建设的体制性障碍、结构性矛盾、政策性问题，推进军队组织形态现代化，进一步解放和增强军队活力，建设巩固国防和强大军队。这就要求，推进领导掌握部队和高效指挥部队有机统一，形成军委管总、战区主战、军种主建的格局；这就要求，深入推进依法治军、从严治军，抓住治权这个关键，构建严密的权力运行制约和监督体系；这就要求，优化规模结构和部队编成，推动我军由数量规模型向质量效能型转变；这就要求，推动人才发展体制改革和政策创新，形成人才辈出、人尽其才的生动局面；这就要求，推进跨军地重大改革任务，推动经济建设和国防建设融合发展。党的十九大报告明确了2020年、2035年和21世纪中叶“三步走”的强军目标。对于改革强军战略来说，在2020年前要在领导管理体制、联合作战指挥体制改革上取得突破性进展，在优化规模结构、完善政策制度、推动军民融合发展等方面要取得重要成果。

四、军事战略方针

（一）积极防御的战略方针

军事战略非常重要，是一个国家总的军事政策。军事战略方针是军事战略的核心与集中体现，是一定时期规定战争准备与战争实施必须遵循的基本指针。20世纪50年代，毛泽东提出了“积极防御”的战略方针。20世纪60年代，毛泽东在“积极防御”的基础上又增加了“诱敌深入”。为什么要增加“诱敌深入”？当时毛泽东考虑的是只有把敌人放进来，才能让敌人拉长战线，才能最大限度地发挥人民战争的威力。改革开放之后，随着党中央对国际形势和战争规律的认识逐渐深入，邓小平认识到只强调“诱敌深入”，具有局限性和片面性，很容易限制人们对战争某些方面的深入思考，在这种情况下，党中央决定去掉“诱敌深入”。中央军委重新确立积极防御的战略方针，一方面体现了我国作为社会主义国家的本质，作为社会主义国家，中国承诺永远不主动欺负别人，我们是主张和平的，因此我们的战略是防御；另一方面体现在积极性上，也就是说体现了进攻和防御的结合。积极防御并不排除在具体作战行动上的进攻，并不排除只能在自己的区域作战，在一定条件下还要打出去。

（二）新时期军事战略方针

20 世纪 90 年代，国际战略格局和我国安全环境发生了重大变化，特别是世界新军事变革蓬勃兴起，未来战争的诸多特点已经显现出来。例如，1991 年 1 月发生的海湾战争让全世界感受到了信息化的重要性。在这次战争发生之前，许多军事专家认为美国可能会重蹈越南战争的覆辙，可能会陷入持久战中无法自拔，但这次战争只经过了 42 天就宣告结束。战争一开始，多国部队就用几十颗卫星对伊拉克军队进行全方位的侦察，可以说伊拉克的一举一动都处在别人的掌握之中。由于电子技术、隐形技术、智能技术的广泛运用，它充分展示了现代高科技条件下作战的新情况和新特点。1993 年 1 月 13 日，江泽民在中央军委扩大会议上指出："今后一个时期，积极防御的军事战略方针的基本内容就是：以毛泽东军事思想、邓小平同志关于新时期军队建设的思想为指导，服从和服务于国家发展战略，立足打赢一场可能发生的现代技术特别是高技术条件下的局部战争，加速我军质量建设，努力提高我军应急作战能力，扬长避短，灵活应变，遏制战争，赢得战争，保卫国家领土主权和海洋权益，维护祖国统一和社会稳定，为改革开放和现代化建设提供强有力的安全保证。"[1] 这里，明确提出要"立足打

〔1〕江泽民：《国际形势和军事战略方针》，《江泽民文选》第一卷，人民出版社 2006 年版，第 290 页。

赢一场可能发生的现代技术特别是高技术条件下的局部战争”，这里的“高技术条件”就是指“信息化”，可以说信息化战争成了未来战争的基本形态。

江泽民指出：“信息化是新军事变革的核心。”“工业时代的机械化军队正在转变为信息化军队。”[1]有四个方面的趋势值得我们密切注意，一是信息化武器装备将成为决定军队作战能力的关键因素；二是非接触、非线式作战将成为重要作战方式；三是体系对抗将成为战场对抗的基本特征；四是太空将成为国际军事竞争新的战略制高点。新军事变革为我国带来了严峻挑战，也带来了历史机遇。因为我国的国防和军队建设还处在机械化半机械阶段，因此“军队现代化建设要完成机械化和信息化的双重历史任务”[2]。这种双重历史任务就是以机械化为基础，以信息化为主导，以信息化带动机械化，以机械化促进信息化。

1993 年，中央军委制定的新时期军事战略方针核心内容是以打赢现代技术，特别是高技术条件下的局部战争为军事斗争准备基点。2004 年，中央军委充实完善了军事战略方针，把军事斗争准备基点进一步调整为打赢信息化条件下的局部战争。正如胡锦涛所指出的，“进入新世纪新阶段，我军适应战争形态和作战方式发展趋势，确立了建设信息化军队、打赢信息化战争的战略目标，努力推进机械化和信息化复合发展”[3]。信息化条件下，局部战争是在陆海空天等有形战场和电磁空间、认知领域等无形战场同时展开的较量，官兵技能、智能、体能、意志等

〔1〕江泽民：《论中国特色军事变革》，《江泽民文选》第三卷，人民出版社 2006 年版，第 578 页。
〔2〕江泽民：《论中国特色军事变革》，《江泽民文选》第三卷，人民出版社 2006 年版，第 586 页。
〔3〕胡锦涛：《向信息化条件下军事训练转变》，《胡锦涛文选》第二卷，人民出版社 2016 年版，第 451 页。

个体素质和军队整体作战能力将面临全面考验，将更加强调人机系统整体性和技术战术有机融合。这是体系和体系的对抗，基本作战形式是一体化联合作战，因此必须着眼提高诸军兵种一体化联合作战能力。

（三）新形势下积极防御军事战略方针

党的十八大以来，以习近平同志为核心的党中央提出了新形势下积极防御军事战略方针。2015 年《中国的军事战略》白皮书指出，站在新的历史起点上，中国军队适应国家安全环境新变化，紧紧围绕实现中国共产党在新形势下的强军目标，贯彻新形势下积极防御军事战略方针，加快推进国防和军队现代化，坚决维护国家主权、安全、发展利益，为实现“两个一百年”奋斗目标和中华民族伟大复兴的中国梦提供坚强保障。新形势下积极防御军事战略方针，根据战争形态演变和国家安全形势，将军事斗争准备基点放在打赢信息化局部战争上，突出海上军事斗争和军事斗争准备，有效控制重大危机，妥善应对连锁反应，坚决捍卫国家领主主权和安全。这一战略方针坚持灵活机动、自主作战的原则，运用诸军兵种一体化作战力量，实施信息主导、精打要害、联合制胜的体系作战；这一战略方针优化军事战略布局，构建全局统筹、分区负责、相互策应、互为一体的战略部署和军事部署。习近平总书记强调，全军各项工作和建设都必须贯彻和体现新形势下军事战略方针的要求。

五、军队教育训练

（一）把教育训练提升到战略高度

军队是执行政治任务的武装集团。军事实践一般有两种方式，一种是作战，这是战争时期淬炼军队的方式。那么在和平时期，特别是在长期和平的情况下，如何锻炼军队的战斗力呢？1977 年 8 月 23 日，邓小平在中共中央军委座谈会上对这个问题作出了科学的回答："就是在没有战争的条件下，要把军队的教育训练提高到战略地位。我们的军队过去是在长期的战争环境中锻炼成长的，那时提升干部主要靠战场上考验。现在不打仗，你根据什么来考验干部，用什么来提高干部，提高军队的素质，提高军队的战斗力？还不是要从教育训练着手？"[1] 如何把这一方针具体化？邓小平提出了两个途径，一是部队本身要提倡苦学苦练。1978 年，中央军委发出《关于加强部队教育训练的决定》；1980 年，总参谋部颁发了《军事训练大纲》；1984 年，中央军委印发了《关于全军教育训练改革的若干问题》。另一个途径是办学校来解决干部问题。1977 年 9 月 19 日，中央军委成立了军委教育训练委员会；1978 年 6 月，长沙工学院改建为中国人民解放军国防科学技术大学，重新列入军队序列；1985 年，将中国人民解放军军事学院、政治学院和后勤学院合并，组建国防大学；1986 年，中央军委印发了《关于军队院校教育改革的决定》。

〔1〕邓小平：《军队要把教育训练提高到战略地位》，《邓小平文选》第二卷，人民出版社 1994 年版，第 60 页。

（二）教育训练要贯彻科技强军战略

20世纪90年代之后，江泽民指出军队建设要走精兵之路，要靠质量取胜。这里“精”和“质”具体到教育训练中就是要贯彻科技强军战略，要把依靠科技进步作为提高军队战斗力的基础。一是要在军队院校的教育中加大高技术知识的学习和培训。1997年12月7日，江泽民在中央军委扩大会议上指出：“要建立新型的院校体系，合理确定院校的规模和数量，提高生长军官培训层次，改革教学内容，加大高技术知识、新型武器装备知识、现代军事指挥知识的含量，培养既懂政治又懂军事、既懂指挥管理又懂专业技术的复合型人才。”[1]二是要广泛开展科技练兵活动。1999年11月24日，江泽民在中央军委“三讲”教育会议上指出：“军事训练是和平时期军队战斗力生成的基本途径。只有通过严格的军事训练，才能实现人与武器的有机结合，使官兵掌握打仗的本领、增强立足现有装备战胜优势装备之敌的信心，才能在广大官兵中培养英勇顽强的战斗作风和铁的纪律。”[2]

（三）教育训练要聚焦战斗力标准

胡锦涛提出了加快战斗力生成模式转变的问题。他在党的十七大报告中指出：“坚持科技强军，按照建设信息化军队、打赢信息化战争的战略目标，加快机械化和信息化复合发展，积极开展信息化条件下军事训练，全面建设现代后勤，加紧培养大批高素质新型军事人才，切实转

〔1〕江泽民：《实现国防和军队现代化建设跨世纪发展的战略目标》，《江泽民文选》第二卷，人民出版社2006年版，第89页。
〔2〕江泽民：《十年来军委工作的回顾和总结》，《江泽民文选》第二卷，人民出版社2006年版，第463页。

变战斗力生成模式。”战斗力标准的提出，为教育训练提出了新的要求。为此胡锦涛指出，要培养“五支队伍”和“四类人才”。“五支队伍”就是指挥军官队伍、参谋队伍、科学家队伍、技术专家队伍和士官队伍。“四类人才”就是联合作战指挥人才、信息化建设管理人才、信息技术专业人才、新装备操作和维护人才。对这些人才不仅要重点培养，还要实行奖励政策。例如，设立全军优秀指挥军官、参谋人才、士官人才奖。在地方普通高等学校毕业的大学生中进行选拔，利用普通高校为军队培养人才。胡锦涛指出，“努力形成院校教育和部队训练衔接、军事教育和依托国民教育并举、国内培养和国外培训结合的官兵素质培养格局”，“地方大学生已逐步成为我军干部的重要来源，要进一步搞好接收工作，把品学兼优的人才接受进来”。[1] 2005 年 10 月，总参谋部、总政治部、总后勤部下发了《关于从普通高等学校毕业后入伍的优秀士兵中选拔基层干部的通知》，鼓励和吸引优秀大学生参军入伍。

（四）全面提高新时代军队备战打仗能力

军队是执行党的政治任务的武装集团，打仗和准备打仗是军队和军人的天职。党的十八大之后，习近平总书记非常重视提高军队的备战打仗能力。他说：“人民军队永远是战斗队，人民军队的生命力在于战斗力，必须强化忧患意识，坚持底线思维，全部心思向打仗聚焦，各项工作向打仗用劲，确保在党和人民需要的时候拉得出、上得去、打得赢。”[2]

---

〔1〕胡锦涛：《向信息化条件下军事训练转变》，《胡锦涛文选》第二卷，人民出版社 2016 年版，第 456 页。

〔2〕习近平：《在庆祝中国人民解放军建军 90 周年大会上的讲话》，《人民日报》2017 年 8 月 2 日。

提高备战打仗能力必须在指挥上下功夫。现代战争一个突出的方面就是对指挥的要求越来越高了，为此必须重视指挥的战略性、联合性、时效性、专业性和精确性，必须加快打造坚强高效的联合作战指挥机构，构建平战一体、常态运行、专司主营、精干高效的战略战役指挥体系，提高基于网络信息体系的联合作战能力、全域作战能力。提高备战打仗能力要以实战能力作为军事训练的重要抓手。军事训练是未来战争的预演，习近平总书记指出，要坚持从实战需要出发从难从严训练部队，“要坚持仗怎么打兵就怎么练，打仗需要什么就苦练什么，什么问题突出就解决什么问题，全面提高军事训练实战化水平”。要端正训练风气，坚决摒弃训练为看的训练恶习。提高备战打仗能力还要在准备打仗上下功夫。能战方能止战，准备打才有可能不必打。要用打仗的标准推进军事斗争准备，立足最困难、最复杂的情况，全面提高我军的威慑和实战能力。

第十二章

外部环境：坚持和平发展道路

我们要站在世界历史的高度审视当今世界发展趋势和面临的重大问题，坚持和平发展道路，坚持独立自主的和平外交政策，坚持互利共赢的开放战略。

——习近平在纪念马克思诞辰 200 周年大会上的讲话（2018 年 5 月 4 日）

中国道路的成功离不开一个良好的外部环境。良好外部环境的形成，一方面是国际形势演变的客观结果，是一种客观存在；另一方面也与各个国家自身的主观努力密切相关，体现为一种主观选择。改革开放以来，中国一直坚持走和平发展道路，不断地影响和促进外部环境向着积极的方向变化。针对国际上的各种担心，中国多次向国际社会庄严承诺，走和平发展道路是我们党根据时代发展潮流和我国根本利益作出的战略抉择，不管过去还是将来，中国决不搞霸权主义，绝不欺负别人，永远不称霸，永远不扩张，中国将始终致力于与各国人民一道推进人类和平与发展的伟大事业。

一、和平发展道路的历史进程

（一）从 1978 年到 1989 年

1978 年 12 月，党的十一届三中全会作出将工作重点转移到社会主义现代化建设上来的重大决策。从当时的情况来看，外部环境并不好。尽管如此，党中央并没有改变争取和平的信心。邓小平指出，20 世纪 80 年代“可以说是非常动荡、充满危机的年代。当然我们有信心，如果反霸权主义斗争搞得好，可以延缓战争的爆发，争取更长一点时间的和平。这是可能的，我们也正是这样努力的。不仅世界人民，我们自己也确确实实需要一个和平的环境。所以，我们的对外政策，就本国来说，是要寻求一个和平的环境来实现四个现代化。这不是假话，是真话”[1]。

1982 年党的十二大召开，党中央提出了“坚持独立自主对外政策”。一方面，我们决不容忍中国的民族尊严和民族利益受到任何侵犯，这是爱国主义的表现；另一方面，我们深深懂得中国民族利益的充分实现不能离开全人类的总体利益，这是国际主义的体现。中国独立自主的对外政策是长远的和全局的，不是一时的，不受任何人的唆使和挑动；中国独立自主的对外政策是建立在互相尊重主权和领土完整、互不侵犯、互不干涉内政、平等互利、和平共处五项原则的基础上的，不侵犯任何外国一寸领土，不侵犯任何外国的主权，不将任何不平等关系强加于任何外国。1987 年党的十三大召开，党中央继续强调中国将继续坚定不移地奉行独立自主的和平外交政策，在和平共处五项原则的基础上同世界各国发展友好合作关系。

20 世纪 80 年代末 90 年代初，东欧剧变、苏联解体，第二次世界大战结束以后形成的世界格局发生了根本性变化。面对着这一重大国际形势的变化，邓小平提出“冷静观察，稳住阵脚，沉着应付，韬光养晦，善于守拙，决不当头，有所作为”的应对方针。

〔1〕邓小平：《目前的形势和任务》，《邓小平文选》第二卷，人民出版社 1994 年版，第 241 页。

（二）从 1989 年到 2002 年

党的十三届四中全会之后，以江泽民同志为主要代表的中国共产党人审时度势，做出了一系列重大判断。

一是对当今世界正处在大变动的时期，江泽民在党的十四大报告中指出，“两极格局已经终结，各种力量重新分化组合，世界正朝着多极化方向发展”，“在今后一个较长时期内，争取和平的国际环境，避免新的世界大战，是有可能的”，“世界各种矛盾在深入发展，不少国家和地区的民族矛盾、领土争端和宗教纷争突出起来，甚至酿成流血冲突和局部战争”。

二是针对和平与发展仍是当今世界两大主题，江泽民指出，“霸权主义、强权政治的存在，始终是解决和平与发展问题的主要障碍”，“具有共同历史遭遇的发展中国家维护独立主权、团结合作的趋势正在加强”。

三是中国始终不渝地奉行独立自主的和平外交政策，江泽民指出，“中国不同任何国家或国家集团结盟，不参加任何军事集团”，“中国永远不称霸，永远不搞扩张，同时反对任何形式的霸权主义、强权政治和侵略扩张行为”，“中国反对军备竞赛，主张根据公正、合理、全面、均衡的原则，实行有效的裁军和军控”。

四是主张建立和平、稳定、公正、合理的国际新秩序，江泽民指出，“各国人民都有权根据本国的具体情况，选择符合本国国情的社会制度和发展道路”，“国与国之间的分歧和争端，应当遵照联合国宪章和国际法准则，通过协商和平解决，不得诉诸武力和武力威胁”。

1997 年 9 月，党的十五大召开，江泽民在党的十五大报告中又提出了一系列重大判断。一是当前国际形势总体上继续趋向缓和。“多极化趋势在全球或地区范围内，在政治、经济等领域都有新的发展，世界上各种力量出现新的分化和组合”，“要和平、求合作、促发展已经成为时代的主流”，“维护世界和平的因素正在不断增长”，“在相当长的时期内，避免新的世界大战是可能的，争取一个良好的国际和平环境和周边环境是可以实现的”。二是阻碍世界和平发展的因素依然存在，表现为“冷战思维依然存在，霸权主义和强权政治仍然是威胁世界和平与稳定的主要根源”，“不公正、不合理的国际经济旧秩序还在损害着发展中国家的利益”，“贫富差距不断扩大”，“利用‘人权’等问题干涉他国内政的现象还很严重”，“因民族、宗教、领土等因素而引发的局部冲突时起时伏”。三是始终不渝地奉行独立自主的和平外交政策。“对一切国际事务，我们都要从中国人民和世界人民的根本利益出发，根据事情本身的是非曲直，决定自己的立场和政策，不屈从于任何外来压力，不同任何大国或国家集团结盟，不搞军事集团，不参加军备竞赛，不进行军事扩张。”

2002 年 11 月，党的十六大召开，江泽民在党的十六大报告中指出，“和平与发展仍是当今时代的主题”，“但是，不公正不合理的国际政治经济旧秩序没有根本改变”。从一方面来看，“维护和平，促进发展，事关各国人民的福祉，是各国人民的共同愿望，也是不可阻挡的历史潮流……新的世界大战在可预见的时期内打不起来。争取较长时期的和平国际环境和良好周边环境是可以实现的”；从另一方面来看，“传统安全威胁和非传统安全威胁的因素相互交织，恐怖主义危害上升。霸权主义和强权政治有新的表现。民族、宗教矛盾和边界、领土争端导致的局部冲突时起时伏”。“主张建立公正合理的国际政治经济新秩序。各国政治上应该互相尊重，共同协商，而不应把自己的意志强加于人；经济上应相互促进，共同发展，而不应造成贫富悬殊；文化上应相互借鉴，共同繁荣，而不应排斥其他民族的文化；安全上应相互信任，共同维护，树立互信、互利、平等和协作的新安全观，通过对话和合作解决争端，而不应诉诸武力或以武力相威胁。”“主张维护世界多样性，提倡国际关系民主化和发展模式多样化。”主张“世界上的各种文明、不同的社会制度和发展道路应彼此尊重，在竞争中取长补短，在求同存异中共同发展”。

（三）从 2002 年到 2012 年

进入 21 世纪后，随着中国加入世界贸易组织，中国融入世界的广度和深度发生了明显变化，中国从被动接受各种规则转变为积极主动地参与全球事务。在这种情况下，出现了“中国威胁论”“中国崩溃论”“中国责任论”等各式各样的遏制中国发展的奇谈怪论。2007 年 10 月，党的十七大召开，胡锦涛在党的十七大报告中指出：第一，“和平与发展仍然是时代主题”，“世界仍然很不安宁”。一方面“世界多极化不可逆转，经济全球化深入发展，科技革命加速推进，全球和区域合作方兴未艾，国与国相互依存日益紧密，国际力量对比朝着有利于维护世界和平方向发展，国际形势总体稳定”；另一方面“霸权主义和强权政治依然存在，局部冲突和热点问题此起彼伏，全球经济失衡加剧，南北差距拉大，传统安全威胁和非传统安全威胁相互交织”。第二，提出要倡导和谐世界。“在国际关系中弘扬民主、和睦、协作、共赢精神。

政治上相互尊重、平等协商，共同推进国际关系民主化；经济上相互合作、优势互补，共同推动经济全球化朝着均衡、普惠、共赢方向发展；文化上相互借鉴、求同存异，尊重世界多样性”，“安全上相互信任、加强合作，坚持用和平方式而不是战争手段解决国际争端”，“环保上相互帮助、协力推进，共同呵护人类赖以生存的地球家园”。第三，提出要始终不渝走和平发展道路。“这是中国政府和人民根据时代发展潮流和自身根本利益作出的战略抉择。”“我们坚持把中国人民的利益同各国人民的共同利益结合起来”，“坚持国家不分大小、强弱、贫富一律平等，尊重各国人民自主选择发展道路的权利，不干涉别国内部事务，不把自己的意志强加于人”。

2012 年 11 月，党的十八大召开，胡锦涛在党的十八大报告中指出：第一，一方面“世界多极化、经济全球化深入发展，文化多样化、社会信息化持续推进，科技革命孕育新突破，全球合作向多层次全方位拓展，新兴市场国家和发展中国家整体实力增强，国际力量对比朝着有利于维护世界和平方向发展，保持国际形势总体稳定具备更多有利条件”；另一方面“国际金融危机影响深远，世界经济增长不稳定不确定因素增多，全球发展不平衡加剧，霸权主义、强权政治和新干涉主义有所上升，局部动荡频繁发生，粮食安全、能源资源安全、网络安全等全球性问题更加突出”。第二，“我们主张，在国际关系中弘扬平等互信、包容互鉴、合作共赢的精神，共同维护国际公平正义。平等互信，就是要遵循联合国宪章宗旨和原则，坚持国家不分大小、强弱、贫富一律平等，推动国际关系民主化，尊重主权，共享安全，维护世界和平稳定。包容互鉴，就是要尊重世界文明多样性、发展道路多样化，尊重和维护各国人民自主选择社会制度和发展道路的权利，相互借鉴，取长补短，推动人类文明进步。合作共赢，就是要倡导人类命运共同体意识，在追求本国利益时兼顾他国合理关切，在谋求本国发展中促进各国共同发展，建立更加平等均衡的新型全球发展伙伴关系”。第三，“中国将始终不渝走和平发展道路，坚定奉行独立自主的和平外交政策。我们坚决维护国家主权、安全、发展利益，决不会屈服于任何外来压力。我们根据事情本身的是非曲直决定自己的立场和政策，秉持公道，伸张正义。中国主张和平解决国际争端和热点问题，反对动辄诉诸武力或以武力相威胁，反对颠覆别国合法政权”，等等。

（四）从 2012 年到现在

党的十八大以来，世界多极化、经济全球化、社会信息化和文化多样化的趋势越来越明显，全球各个国家相互联系、相互依存的程度日益加深，人类在面对恐怖主义、网络安全、重大传染性疾病、气候变化等非传统威胁方面的挑战越来越严峻。2017 年 10 月，党的十九大召开，习近平总书记在党的十九大报告中指出，第一，和平与发展仍然是时代主题，同时世界面临的不稳定性不确定性突出。一方面世界多极化、经济全球化、社会信息化、文化多样化深入发展，各国相互联系和依存日益加深，国际力量对比更趋平衡，和平发展大势不可逆转；另一方面世界经济增长动能不足，贫富分化日益严重，地区热点问题此起彼伏，人类面临着许多共同挑战。第二，提出构建人类命运共同体。没有哪个国家能够独自应对人类面临的各种挑战，各国人民应该同心协力。要相互尊重、平等协商，走对话而不对抗、结伴而不结盟的国与国交往新路；

要坚持对话解决争端、以协商化解分歧；要同舟共济，促进贸易和投资自由化便利化；要尊重世界文明多样性；要坚持环境友好，保护好人类赖以生存的地球家园。第三，积极促进“一带一路”国际合作，努力实现政策沟通、设施联通、贸易畅通、资金融通、民心相通，打造国际合作新平台。

二、对国际形势的判断

列宁说，只有首先估计到不同时代的基本特征，我们才能正确地制定自己的策略。因此，科学地判断发展的外部环境，实事求是地对国际形势进行分析是一个重要的前提性问题。

（一）和平与发展的时代主题

改革开放之后，邓小平就开始思考这个问题。1982 年 8 月，邓小平会见联合国秘书长德奎利亚尔，在谈到国际形势时指出：“我们不是悲观主义者，我们只是提出战争的危险性。我们说，战争的因素在增长，但制止战争的因素也在增长。”[1] 这就改变了以往强调战争危险，要“做好战争准备”的思路，更多地看到了“制止战争的因素也在增长”。这个“制止战争的因素”就是第三世界的兴起。1985 年 3 月 4 日，邓小平会见日本商工会议所访华团时集中论述了“和平与发展”时代主题的判断。他说：“现在世界上真正大的问题，带全球性的战略问题，一个是和平问题，一个是经济问题或者说发展问题。和平问题是东西问

〔1〕邓小平：《中国的对外政策》，《邓小平文选》第二卷，人民出版社 1994 年版，第 416 页。

题，发展问题是南北问题。概括起来，就是东西南北四个字。南北问题是核心问题。”[1]在提出这一时代主题后，我们党的历代领导人都坚持这一判断。1989 年 9 月，邓小平指出：“美苏两家打不起来，就没有世界大战。”[2]“对于国际局势，概括起来就是三句话：第一句话，冷静观察；第二句话，稳住阵脚；第三句话，沉着应付。不要急，也急不得。要冷静、冷静、再冷静，埋头实干，做好一件事，我们自己的事。”[3]

（二）世界的多极化发展趋势

第二次世界大战之后，世界上形成了以美苏为首的两极格局。随着战后许多殖民地半殖民地国家的民族独立运动，两极格局逐渐受到冲击，20 世纪 90 年代随着苏联解体，两极格局正式终结。两极格局终结之后的国际形势是什么？我们党的领导人进行了深入思考。1992 年在党的十四大上，江泽民就指出“世界正朝着多极化方向发展”。1993 年 7 月，江泽民说：“世界多极化趋势继续发展，终将形成多种力量竞争共处的新格局。”[4] 1997 年在党的十五大上，他又强调：“多极化趋势在全球或地区范围内，在政治、经济等领域都有新的发展，世界上各种力量出现新的分化和组合。”这一认识非常重要，一方面因为多极化趋势的发展，世界大战打不起来，我们可以集中精力搞建设。“各种力量共存，既有竞争

〔1〕邓小平：《和平和发展是当代世界的两大问题》，《邓小平文选》第三卷，人民出版社 1993 年版，第 105 页。
〔2〕邓小平：《改革开放政策稳定，中国大有希望》，《邓小平文选》第三卷，人民出版社 1993 年版，第 319 页。
〔3〕邓小平：《改革开放政策稳定，中国大有希望》，《邓小平文选》第三卷，人民出版社 1993 年版，第 321 页。
〔4〕江泽民：《外交工作要坚定不移地维护国家和民族的最高利益》，《江泽民文选》第一卷，人民出版社 2006 年版，第 311 页。

和矛盾，又有协调和合作，谁也吃不掉谁，谁也压不倒谁。在这种情况下，对我国有利的因素将会不断增多”“我国外交的回旋余地进一步扩大了”[1]。另一方面正因为世界的多极化趋势，我国可以团结和依靠正在进一步觉醒的广大第三世界国家，可以同广大第三世界国家结成统一战线。

（三）全球性的挑战凸显

随着经济全球化的深入发展，世界上各个国家之间的联系越来越密切，很多问题超出了一国范围成了世界性问题。2011 年《中国的和平发展》白皮书对日益突出的人类共同的安全问题进行了归纳：包括恐怖主义、大规模杀伤性武器扩散、金融危机、严重自然灾害、气候变化、能源资源安全、粮食安全、公共卫生安全等。这些问题不是针对的某个国家或某个集团，而是关系到全人类的整体利益，需要世界上各个国家共同合作才能获得解决。例如恐怖主义方面，2001 年 9 月 11 日，恐怖分子劫持飞机实施自杀性袭击，导致美国贸易中心双塔被炸毁，五角大楼被炸掉一个角，遇难人数达到了 2996 人，造成的损失是日本偷袭珍珠港的十余倍；2004 年 3 月 11 日，西班牙马德里的三个火车站在同一时间内发生多起客运列车大爆炸，192 人身亡，1500 多人受伤；2005 年 7 月 7 日，英国伦敦发生了严重的连环式爆炸恐怖袭击，至少 52 人死亡，700 多人受伤；2008 年 11 月 26 日，印度最大城市孟买一批携带冲锋枪和手榴弹的武装分子出现在街头，先后攻击了饭店、医院、火车站、警察总部等多个地方，至少 100 人死亡，超过 900 人受伤。

〔1〕江泽民：《外交工作要坚定不移地维护国家和民族的最高利益》，《江泽民文选》第一卷，人民出版社 2006 年版，第 311 页。

（四）人类生活在同一个地球村

党的十八大之后，以习近平同志为核心的党中央在看待国际形势的时候，特别强调“宇宙只有一个地球，人类共有一个家园”。也就是说，一方面，当今世界人类正处在大发展大变革大调整时期。世界多极化、经济全球化深入发展，社会信息化、文化多样化持续推进，新一轮科技革命和产业革命正在孕育成长，各国相互联系、相互依存，全球命运与共、休戚相关，和平力量的上升远远超过战争因素的增长，和平、发展、合作、共赢的时代潮流更加强劲。另一方面，人类也处在一个挑战层出不穷、风险日益增多的时代。世界经济增长乏力，金融危机阴云不散，发展鸿沟日益突出，兵戎相见时有发生，冷战思维和强权政治阴魂不散，恐怖主义、难民危机等非传统安全威胁持续蔓延。在这种情况下，没有哪个国家能够独自应对人类面临的各种挑战，也没有哪个国家能够退回到自我封闭的孤岛。正如习近平总书记所说：“这个世界，各国相互联系、相互依存的程度空前加深，人类生活在同一个地球村里，生活在历史和现实交汇的同一个时空里，越来越成为你中有我、我中有你的命运共同体。”[1]

三、外交战略

外交战略是指国与国在交流和交往过程中根据各自的不同情况而制定的路线方针方略。在改革开放之前，我国实行的是“一条线”的外交

〔1〕习近平：《顺应时代前进潮流 促进世界和平发展》，《人民日报》2013 年 3 月 24 日。

战略。所谓“一条线”的外交战略，指的是以第三世界国家为主力，联合世界上所有反对霸权主义的力量，组成一个针对苏联霸权主义的统一战线。这一战略的形成在当时有着特殊的原因，但是同时也存在很大的问题，使自己的回旋余地受限制。在这种情况下，改革开放之后党的历代领导人根据不同阶段的实际情况对外交战略做出了一系列的调整。

（一）独立自主和平外交政策

邓小平指出：“中国的对外政策是独立自主的，是真正的不结盟。中国不打美国牌，也不打苏联牌，中国也不允许别人打中国牌。”[1]“过去有一段时间，针对苏联霸权主义的威胁，我们搞了‘一条线’的战略，就是从日本到欧洲一直到美国这样的‘一条线’。现在我们改变了这个战略，这是一个重大的转变。世界上都在说苏、美、中‘大三角’。我们不讲这个话，我们对自己力量的估计是清醒的，但是我们也相信中国在国际事务里面是有足够分量的。我们奉行独立自主的正确的外交路线和对外政策，高举反对霸权主义、维护世界和平的旗帜，坚定地站在和平力量一边，谁搞霸权就反对谁，谁搞战争就反对谁。”[2]从上面的论述中我们可以看到，独立自主和平外交政策的内涵就是不与任何大国结盟、不参加任何集团，实行独立自主和平外交政策是从国家利益出发来处理国与国的关系，也就是说在制定对外战略的时候不能按照意识形态来画线，必须超越社会制度和意识形态来决定自己应该采取什么样的政

〔1〕邓小平：《维护世界和平，搞好国内建设》，《邓小平文选》第三卷，人民出版社1993年版，第57页。
〔2〕邓小平：《在军委扩大会议上的讲话》，《邓小平文选》第三卷，人民出版社1993年版，第127—128页。

策，这才是科学的、合理的。

（二）推动建立国际政治经济新秩序

20 世纪 90 年代初，国际局势发生了重大变化，美国成为唯一的超级大国，俄罗斯处理国际事务的能力严重削弱，霸权主义和强权政治日益突出，领土、民族、宗教、资源等因素引发的武装冲突和局部战争连绵不断。在这种情况下，以江泽民同志为主要代表的中国共产党人顺应历史发展的大势，推动建立国际政治经济新秩序。他把国际政治经济新秩序表述为几个方面：一是要创造安全可靠、长期稳定的国际和平环境；二是要恪守以主权平等和互不干涉内政为核心的国际关系准则；三是要建立互利互补、共同发展的新型国际经济关系；四是要营造自主选择、求同存异的国际和谐局面；五是要共同对付人类生存和发展面临的挑战。他说："我们认为，各国人民所期待建立的国际政治经济新秩序，应该包括上述内容""实现这样的新秩序，是我们所要共同缔造的更美好世界的主要标志。"[1] 国际政治经济新秩序的建立是一个长期的过程，也是各个国家综合实力不断博弈的过程，自从我国提出之后就一直为此作着持续不断的努力。

（三）坚持走和平发展道路

进入 21 世纪之后，随着中国改革开放的展开和加入世界贸易组织，中国的综合国力获得了很大提升。中国经济的发展规模和发展速度引起

〔1〕江泽民:《让我们共同缔造一个更美好的世界》,《江泽民文选》第三卷，人民出版社 2006 年版，第 481 页。

了西方许多国家的疑虑，在这种情况下，西方有些国家开始鼓吹“中国威胁论”。“中国威胁论”强调随着中国综合国力的上升，必然会走历史上一些大国崛起中所走的对外侵略扩张的老路。对此，我国一直强调一定要坚持走和平发展道路。为什么？首先，这是基于中国国情的选择。中国虽然取得了一些成就，但是依然是世界上最大的发展中国家，中国的人民生活还不富裕，还面临着许多突出的矛盾和问题，因此中国人民最需要也最珍爱和平的国际环境；其次，这是基于中国历史文化传统的必然选择。中华民族历来崇尚和平，历史上中国虽然去过亚非 30 多个国家和地区，但是都不是去征服，而是去结交朋友。同时，中华民族在近代以来所受的灾难，时刻警惕着我们不能把这种痛苦强加到别人头上；最后，这是基于发展潮流的必然选择。求和平、促发展、谋合作是世界各国人民的普遍心愿，也是不可阻挡的历史潮流，只有顺应潮流才是明智的，才是唯一正确的选择。

（四）构建人类命运共同体

人类只有一个地球，各国共处一个世界。到目前为止，地球是人类唯一赖以生存的家园，珍爱和呵护地球是人类唯一的选择。随着经济全球化的发展，世界上各个国家之间相互联系、相互依存的程度超过了以往历史上的任何时期。与此同时，整个世界也面临着一系列问题和挑战，例如经济增长乏力、金融危机阴云不散、发展鸿沟日益突出、冷战思维和强权政治阴魂不散，还有各种各样的恐怖主义、难民危机、重大传染疾病、气候变化，等等，这些都需要引起人们的思考和重视。2015 年 9 月 28 日，习近平主席在美国纽约联合国总部举行的第七十届联合国大会一般性辩论时的讲话中就提出了人类命运共同体的理念，他说：“在联合国迎来又一个10年之际，让我们更加紧密地团结起来，携手构建合作共赢新伙伴，同心打造人类命运共同体。”[1] 2017年1月18日，他在联合国日内瓦总部的演讲中再一次详细阐发了人类命运共同体的理念。到底应该如何将人类命运共同体的理念付诸行动呢？一是要坚持对话协商，建设一个持久和平的世界；二是要坚持共建共享，建设一个普遍安全的世界；三是要坚持合作共赢，建设一个共同繁荣的世界；四是要坚持交流互鉴，建设一个开放包容的世界；五是要坚持绿色低碳，建设一个清洁美丽的世界。

四、重点工作

（一）处理大国关系

大国政治是左右国际政治发展方向的主要因素。如何处理大国关系，能不能处理好大国关系是对外政策中的一个十分重大的问题。改革开放之后，中国共产党一方面努力实现中苏关系的正常化；另一方面采取了不与任何大国结盟、不参加任何集团，不支持任何一方反对另一方的对外政策，这就使中、美、苏之间建立了一种事实上的“大三角”关系。20世纪90年代之后，两极格局解体，中、美、苏相互制衡的“大三角”关系消失，中国在处理大国关系的时候采取了努力扩大与各个大

〔1〕习近平：《携手构建合作共赢新伙伴，同心打造人类命运共同体》，《习近平谈治国理政》第二卷，外文出版社2017年版，第526页。

国之间的利益交汇点、灵活应对矛盾分歧的方针。在此期间，中美建立了“面向 21 世纪的建设性战略伙伴关系”，中俄建立了“面向 21 世纪的战略协作伙伴关系”，中欧建立了“面向 21 世纪的长期稳定的建设性伙伴关系”，中日建立了“致力于和平与发展的友好合作伙伴关系”。进入 21 世纪之后，中国在互利共赢的理念下一直稳定地发展与世界大国的合作关系。2009 年，中美两国确立建设 21 世纪积极合作全面的中美关系；中俄、中欧、中日的关系也得到不断深化。党的十八大以来，随着国家局势的变化，中国与大国的关系也发生了变化：中俄两国关系进入互相提供重要发展机遇、互为重要优先合作伙伴的新阶段，中俄全面战略协作伙伴关系成熟、稳定、牢固，是互信程度最高、协作水平最高、战略价值最高的大国关系；中美之间在不断加强各层次对话和沟通，也在互惠互利的基础上拓展合作，在相互尊重的基础上管控分歧，共同努力构建新型大国关系；中欧之间都处在发展的关键时期，中欧关系战略意义日益突出，已经成为全球最重要的双边关系之一，双方在建设更具有全球影响力的中欧全面战略伙伴关系。

（二）处理周边关系

远亲不如近邻。无论是从地理方位、自然环境还是相互关系来看，做好周边外交工作对我国具有极为重要的战略意义。改革开放之后，在处理与周边国家关系的时候，我国采取了“搁置争议、共同开发”的解决方式。例如，围绕着中日之间在钓鱼岛、大陆架上的问题，中国指出“可以摆在一边”，“慢慢地商量一个双方都可以接受的办法”；在谈到中印边界问题时指出“是否先摆一摆”，等条件成熟后再找一个恰当的解决办法，等等。进入20世纪90年代，周边关系在我国外交工作布局中的重要性日益突出。中国与蒙古国、越南等关系相继实现了正常化，与新加坡、韩国等国家建立或恢复了外交关系；1997年中国与东盟举行了首次首脑会晤；2001年6月，中、俄、哈、吉、塔、乌六国元首共同宣布成立“上海合作组织”。2004年，俄罗斯总统普京访问中国，两国就边界问题签订协议，中俄进入了无边界争端时代；2005年中印就解决边界问题的政治指导原则达成共识。党的十八大以来，2013年10月24—25日召开了新中国成立以来首次周边外交工作座谈会，这次大会突出了“亲、诚、惠、容”的周边外交理念。2013年9月，习近平总书记倡议亚欧国家共同建设“丝绸之路经济带”；2013年10月，习近平总书记提出愿与东盟国家加强海上合作，共同建设“海上丝绸之路”倡议。“一带一路”是和平之路、繁荣之路、开放之路、创新之路和文明之路。“一带一路”从倡议到实践，进展和成果远远超过预期，合作伙伴越来越多，大大造福了沿线的各国人民，成为推动全球发展合作的机制化平台，赢得国际社会的高度赞誉。

（三）处理与发展中国家关系

由于共同的历史遭遇和现实处境，中国一直以来都积极发展与发展中国家的外交关系。不管是在何种情况下，中国都坚定地支持发展中国家的经济建设，与广大发展中国家一道为国际政治经济新秩序而斗争。1994年，中国成为拉美一体化协会观察员国；1998年中国与南非正式建立外交关系；1998年，中国人民银行正式加入加勒比开发银行，成为该行第26个成员；2000年10月，中国举办了中非合作论坛——北京

2000年部长级会议，这是一次发展中国家的盛会。在这次论坛上，发表了《北京宣言》和《中非经济和社会发展合作纲领》，这是中非之间友好合作关系的一次升华。党的十八大之后，中非关系的重要性不断提高，双方的共同利益越来越多，中非之间“永远做可靠朋友和真诚伙伴”；中拉之间正在努力建设中拉合作论坛，中拉全面合作伙伴关系正在向更高水平迈进。

（四）处理多边关系

冷战结束之后，多边国际组织和协调机制得到较快的发展。中国一方面在努力发展各种双边关系，另一方面还努力发展多边关系。1991年，中国以主权国家身份加入亚太经济合作组织；1995年，我国成功举办联合国历史上参加人数最多的国际盛会——联合国第四次世界妇女大会；1999年，中美双方签订《中美关于中国加入世界贸易组织的双边协议》，中国“入世”取得决定性突破；2001年中国正式成为世界贸易组织成员。中国还积极推动创建新的国际合作平台，例如“金砖国家”。2010年，中国作为“金砖国家”合作机制轮值主席国，与俄罗斯、印度、巴西一致商定，吸收南非作为正式成员国加入“金砖国家”合作机制。党的十八大之后，加强同“金砖国家”合作始终是中国外交政策的方向之一；博鳌亚洲论坛正在成为具有全球影响力的重要论坛，中国将积极推动亚洲区域合作进程，积极搭建地区性融资平台，促进区域内经济融合，等等。

第十三章

自我革命：全面从严治党

全面从严治党的目的是更好促进事业发展。严管不是把干部管死，不是把干部队伍搞成一潭死水、暮气沉沉，而是要激励干部增强干事创业的精气神。

——习近平在十九届中央政治局第十次集体学习时的讲话（2018年11月26日）

马克思主义经典作家非常重视从严治党。列宁曾说："如果我们党没有极严格的真正铁的纪律，如果我们党没有得到整个工人阶级全心全意的拥护……那么布尔什维克别说把政权保持两年半，就是两个半月也保持不住。"[1]事实证明，只有从严治党事业才能兴旺发达，国家才能繁荣稳定，人民才能幸福安康。改革开放以来，在推进中国道路的过程中，我们党以自我革命的勇气，梳理和总结新的历史时期党的建设的经验、特点和规律，坚持管党治党一刻不能松懈的精神，以人民群众强烈反映的党内突出问题为重点，不断推进全面从严治党，走出了一条独具特色的中国共产党自身建设道路。

一、党的建设的历史进程

（一）1978年到1989年，提出把党建成领导社会主义现代化事业的坚强核心

改革开放之后，以邓小平同志为主要代表的中国共产党人紧密联系

〔1〕列宁：《共产主义运动中的"左派"幼稚病》，《列宁选集》第四卷，人民出版社2012年版，第134—135页。

党的中心任务，提出坚持党的领导、改善党的领导，把党建设成为社会主义现代化事业的坚强核心。1980 年 2 月，党的十一届五中全会召开，会议的主题是坚持党的领导，改善党的领导，提高党的战斗力，这是社会主义现代化建设得以顺利进行的最重要保证。与此相关的主要议程有：增选中央政治局常委、讨论和通过关于成立中央书记处的决议、讨论和通过《关于党内政治生活的若干准则》，等等。1982 年党的十二大明确提出“努力把党建设成为领导社会主义现代化事业的坚强核心”。从 1983 年起，围绕着“统一思想、整顿作风、加强纪律、纯洁组织”开展了为期三年的整党活动，进行了以不搞运动的方式加强党的建设的成功实践。1987 年党的十三大指出，党的自身建设必须进行改革，要把改革的指导思想贯穿党的思想建设、组织建设和作风建设中；要坚持干部队伍革命化、年轻化、知识化、专业化的方针，其中革命化最重要的是看是否坚决贯彻执行党的基本路线。

（二）1989 年到 2002 年，提出党的建设总目标和两大历史性课题

党的十三届四中全会之后，以江泽民同志为主要代表的中国共产党人在发展社会主义市场经济的条件下，牢记邓小平嘱托，坚持党要管党和从严治党，为了保证党既是中国工人阶级的先锋队，又是中国人民和中华民族的先锋队，采取了一系列重要措施。1989 年 8 月，党中央发出《关于加强党的建设的通知》，指出各级党委必须聚精会神地抓党的建设，下决心解决好党的建设中的迫切问题。要认真做好清查和清理工作，纯洁党的组织；要认真考察领导干部，加强领导班子建设；要搞

好思想整顿，加强党的思想教育；发扬党的优良作风，克服消极腐败现象；等等。1992年，党的十四大指出，必须“坚持党要管党和从严治党”“努力提高党的执政水平和领导水平”。1994年，党的十四届四中全会作出《关于加强党的建设几个重大问题的决定》，提出了新时期党的建设总目标和总任务；自1995年开始，用三年时间对处于软弱涣散和瘫痪状态的农村基层组织进行了集中整顿。1997年党的十五大将党的建设总目标和总任务修改为：“把党建设成为用邓小平理论武装起来、全心全意为人民服务、思想上政治上组织上完全巩固、能够经受住各种风险、始终走在时代前列、领导全国人民建设有中国特色社会主义的马克思主义政党。”初步概括了两大历史性课题的基本内容，即不断提高领导水平和执政水平，不断增强拒腐防变的能力。2000年1月，江泽民指出，“治国必先治党，治党务必从严”，“治党始终坚强有力，治国必会正确有效”。在2002年党的十六大上，江泽民进一步指出了党的执政能力的具体内涵，即不断提高科学判断形势的能力、不断提高驾驭市场经济的能力、不断提高应对复杂局面的能力、不断提高依法执政的能力、不断提高总揽全局的能力。

（三）2002年到2012年，围绕执政能力建设和先进性建设，提高党的建设的科学化水平

党的十六大以来，以胡锦涛同志为主要代表的中国共产党人深刻把握新的阶段性特征，在科学发展观的指导下，以完善党的领导体制和工作机制为重点，为把我们党建设成为立党为公、执政为民，求真务实、改革创新的马克思主义执政党而努力奋斗。2004年9月，党的十六

届四中全会通过的《加强党的执政能力建设》指出了新形势下加强党的执政能力建设的指导思想、总体目标、主要任务，指出加强党的执政理论建设主要要回答执政方略、执政体制、执政方式和执政基础等方面的问题；从 2005 年 1 月开始，用一年半左右的时间在全党开展以实践“三个代表”重要思想为主要内容的保持共产党员先进性教育活动；2009 年，党的十七届四中全会通过的《中共中央关于加强和改进新形势下党的建设若干重大问题的决定》指出，要“把建设马克思主义学习型政党作为重大而紧迫的战略任务抓紧抓好”，要“建设学习型党组织”，在全党营造崇尚学习的浓厚氛围，使各级党组织成为学习型党组织，使各级领导班子成为学习型领导班子。2011 年，胡锦涛在庆祝中国共产党成立 90 周年大会上的讲话中提出要“全面认识和自觉运用马克思主义执政党建设规律，全面推进党的建设新的伟大工程，不断提高党的建设科学化水平”，为此要坚持解放思想、实事求是、与时俱进，推进马克思主义中国化、时代化、大众化；要坚持五湖四海、任人唯贤，德才兼备、以德为先的用人标准；要坚持以人为本、执政为民的理念，牢固树立马克思主义群众观、自觉贯彻党的群众路线；要坚持用制度管事管人，健全民主集中制。2012 年在党的十八大上，我们党围绕“全面提高党的建设科学化水平”论述了党的建设问题，并且从多个方面论述了需要加强的重点工作。

（四）2012 年到现在，坚持党要管党、从严治党的方针，严厉惩治腐败，强化党的政治建设

党的十八大以来，以习近平同志为核心的党中央身体力行、率先垂

范，坚定推进全面从严治党，加强对权力运行的监督和制约，加强思想建党和制度治党，严厉惩治腐败，净化党内政治生态，着眼于世界形势的深刻变化对党提出的深刻要求，突出党的政治建设，以政治建设统领新时代党的建设新的伟大工程，取得了一系列重大成就。2012 年 12 月 4 日，党中央审议通过了关于改进工作作风、密切联系群众的八项规定；2013 年 6 月，围绕保持和发展党的先进性和纯洁性，在全党开展以“为民、务实、清廉”为主要内容的群众路线教育实践活动；严厉惩治贪污腐败行为，坚持“老虎”“苍蝇”一起打，查处腐败分子；加强对权力的制约和监督机制，把权力关进制度的笼子里，初步形成不敢腐、不能腐、不想腐的体制机制；2016 年 10 月党的十八届六中全会召开，会议审议通过了《关于新形势下党内政治生活的若干准则》和《中国共产党党内监督条例》；2017 年 10 月党的十九大召开，习近平总书记指出中国特色社会主义进入新时代，我们党一定要有新气象新作为，要以政治建设为统领，坚定执行党的政治路线，严格遵守政治纪律和政治规矩，在政治立场、政治方向、政治原则、政治道路上同党中央保持高度一致；2017 年 10 月 27 日，十九届中央政治局审议通过了《中共中央政治局贯彻落实中央八项规定的实施细则》，向全党全社会释放了将作风建设推向纵深发展的强烈信号。

二、思想建设

（一）恢复实事求是思想路线，对各种错误思想开展有针对性的思想斗争

毛泽东曾经指出，任何大的错误无不是离开党的正确思想路线。“文化大革命”中，正是由于实事求是思想路线遭到破坏，才造成思想僵化、迷信盛行。党的十一届三中全会批评了“两个凡是”，高度评价了实践是检验真理唯一标准的大讨论，恢复了党的实事求是思想路线。改革开放之后，针对一些人公开歪曲和攻击毛泽东思想，攻击社会主义制度，攻击共产党领导的现象，邓小平展开了有针对性的斗争。例如，在1979年全国理论务虚会上，他就发表了《坚持四项基本原则》的重要讲话。1983年10月在党的十二届二中全会上，他又指出，思想战线绝不能搞精神污染。1986年9月，在党的十二届六中全会上，邓小平指出反对资产阶级自由化，因为自由化本身就是资产阶级的，搞自由化就是要把我们引导到资本主义道路上去。但是当时还有一些困扰着人们的思想问题没有得到解决，例如，毛泽东一生的功过和地位应该如何看？毛泽东思想和毛泽东的错误是什么关系？如何评价毛泽东和毛泽东思想？在这种情况下，党中央认识到不澄清人们在一些重大问题上的困惑就无法真正完成思想上的拨乱反正。为此，1981年6月中央召开了党的十一届六中全会，通过了《关于建国以来党的若干历史问题的决议》，科学评价了毛泽东、毛泽东思想，对新中国成立30多年发生的大事做了实事求是的分析，标志着党的指导思想上的拨乱反正的胜利完成。

党中央非常重视对各种错误思想的斗争。针对鼓吹历史虚无主义、歪曲否定党和人民奋斗历史，鼓吹西方民主和自由、否定党的领导和社会主义制度的现象，胡锦涛指出："对于不正确不健康的倾向和问题，要见微知著，未雨绸缪，正确果断处理"[1]，"涉及政治原则、政治方向的问题，必须旗帜鲜明、分清是非。对错误的东西，必须严肃批评、及时处理，不能听之任之"[2]。党的十八大以来，习近平总书记更是重视对错误思想的斗争。例如针对西方"普世价值"思想，他说，对西方的一些政治话语为什么不能借用？为什么不能认同？为什么非要拧着来？这是因为冷战结束以后，在西方价值观念鼓捣下，一些国家被折腾得不成样子了，有的四分五裂，有的战火纷飞，如果我们用西方资本主义价值体系来裁剪我们的实践，要么就是跟在人家后面亦步亦趋，要么就是只有挨骂的份，要旗帜鲜明、大张旗鼓讲马克思主义、讲中国特色社会主义、讲共产主义。

（二）推进指导思想上的与时俱进，并对党员干部进行理论武装

1997 年党的十五大召开，我们党把邓小平理论确立为党的指导思想，实现了党在指导思想上的与时俱进。此后，我们党又把"三个代表"重要思想、科学发展观、习近平新时代中国特色社会主义思想相继确立为党的指导思想，实现了党在指导思想上的一次次与时俱进。与此同时，我们党非常重视理论武装，用最新的指导思想教育广大党员群

〔1〕胡锦涛:《唱好主旋律，打好主动仗》,《胡锦涛文选》第一卷，人民出版社 2016 年版，第 387 页。
〔2〕胡锦涛:《唱好主旋律，打好主动仗》,《胡锦涛文选》第一卷，人民出版社 2016 年版，第 390 页。

众。例如，党的十四大就提出用邓小平建设有中国特色社会主义理论武装全党的战略任务。党的十四大后，我们党展开对邓小平理论的学习。1993 年 11 月，《邓小平文选》第三卷出版，党中央发布《关于学习〈邓小平文选〉第三卷的决定》。1994 年 11 月，修订后的《邓小平文选》第一、二卷出版发行，中共中央办公厅又转发了中央宣传部、中央组织部关于学习《邓小平文选》第一、二卷的通知。1995 年 5 月，《邓小平同志建设有中国特色社会主义理论学习纲要》出版发行，中央发出了《关于印发〈邓小平同志建设有中国特色社会主义理论学习纲要〉的通知》，并要求学习。党的十五大之后，对邓小平理论的学习掀起了新的高潮。1998 年 6 月，中共中央发出《关于在全党深入学习邓小平理论的通知》，对学习的内容、方式、步骤、组织领导等都提出了要求。

邓小平理论如此，对“三个代表”重要思想、科学发展观以及习近平新时代中国特色社会主义思想的学习都是如此。2000 年 11 月，中共中央办公厅印发《关于在农村开展“三个代表”重要思想学习教育活动的意见》，要求在全国县（市）部门、乡镇、村领导班子和基层干部中，开展“三个代表”重要思想学习教育活动。2002 年，党的十六大把“三个代表”重要思想确立为党的指导思想。2003 年 6 月，中央下发了《关于在全党兴起学习贯彻“三个代表”重要思想新高潮的通知》。同时，中共中央还印发了《“三个代表”重要思想学习纲要》。2008 年 9 月 14 日，中共中央发出《关于在全党开展深入学习实践科学发展观活动的意见》，要求全党用一年半左右的时间，分三批进行深入学习。党的十九大之后，党中央同样要求展开对习近平新时代中国特色社会主义思想的学习。

（三）利用马克思主义集中教育活动开展思想建设

在新民主主义革命时期，我们党就曾开展延安整风运动来对党员干部进行马克思主义教育，取得了很好的效果。改革开放之后，针对改革过程中出现的一些突出问题，我们吸取延安整风运动的有益经验，开展了多次集中性教育活动。例如，针对改革开放以来的突出问题，1996 年党的十四届六中全会通过的《中共中央关于加强社会主义精神文明建设若干重要问题的决议》指出，对县级以上领导干部要集中进行一次以讲学习、讲政治、讲正气为主要内容的党性党风教育。1998 年 11 月，中共中央发布了《关于在县级以上党政领导班子、领导干部中深入开展以“讲学习、讲政治、讲正气”为主要内容的党性党风教育的意见》，对“三讲”教育作出了部署。2004 年 11 月 7 日，中共中央下发了《关于在全党开展以实践“三个代表”重要思想为主要内容的保持共产党员先进性教育活动的意见》，决定从 2005 年 1 月开始，用一年半的时间对全党开展一次保持共产党员先进性的教育活动。

党的十八大以来，以习近平同志为核心的党中央先后在党内开展了三大主题教育。第一次是 2013 年开展的党的群众路线教育实践活动。2013 年 4 月 19 日，中国共产党中央政治局召开会议，决定从 2013 年下半年开始，用一年左右时间，在全党自上而下分批开展党的群众路线教育实践活动。中央政治局带头开展党的群众路线教育实践活动。2013 年 5 月 9 日，中共中央下发了《关于在全党深入开展党的群众路线教育实践活动的意见》。第二次是 2014 年开展的“三严三实”专题教育，第三次是 2016 年年初开展的“两学一做”学习教育，2016 年 2 月 28 日中共中央办公厅印发了《关于在全体党员中开展“学党章党规、学系列讲话，做合格党员”学习教育方案》，并发出通知，要求各地区各部门认真贯彻执行。从中可以看出，我们党非常重视思想建设，强调思想建设是党的基础性建设，坚定理想信念是党的建设的首要任务。党的十九大之后，我们党又决定在全党开展“不忘初心、牢记使命”主题教育活动。

三、组织建设

（一）提出和践行“四化”方针

改革开放之后，针对社会主义现代化建设的要求，我们党提出要实现干部队伍的革命化、年轻化、知识化和专业化。为了践行“四化”方针，1982 年 2 月中共中央作出《关于建立老干部退休制度的决定》，这一文件标志着我国第一次建立起干部离退休制度。为了让新老干部的交接有序进行，党中央还考虑了一种过渡性办法，即建立顾问制度，设立中央和省级顾问委员会。1992 年党的十四大上，党中央决定不再设立中央和省级顾问委员会。

为了提高干部素质，党中央在领导干部选拔任用等方面进行了探索。1995 年 2 月，中央颁布了《党政领导干部选拔任用工作暂行条例》；1998 年 5 月，中央组织部又颁布了《党政领导干部考核工作暂行规定》，对干部的考核方式、考核内容以及程序等作出了明确规定；1998 年 7 月，又印发了《关于党政领导机关推行竞争上岗的意见》，强调公开、公平、竞争、择优的原则；2000 年 6 月，中央办公厅印发《深化干部人事制度改革纲要》，这是深化干部人事制度改革的纲领性文件，以此文件为标志，干部人事制度改革进入全面规划、整体推进的阶段；2009 年 12 月，中央办公厅又印发了《2010 —2020 年深化干部人事制度改革规划纲要》，对今后 10 年深化干部人事制度改革作出了全面规划。

党的十八大之后，习近平总书记非常重视干部队伍建设，提出要建设高素质专业化干部队伍。他指出，组织路线对坚持党的领导、加强党的建设、做好党的组织工作具有十分重要的意义。第一，提出了新时代好干部标准，即信念坚定、为民服务、勤政务实、敢于担当、清正廉洁，这就为选人用人树立了时代标杆。第二，匡正选人用人风气，突出政治标准，重点选拔具有专业能力专业精神，在基层扎实历练中脱颖而出的干部。对政治上不合格的干部“一票否决”，把廉洁作为底线。同时，坚决破除“唯票取人”“唯分取人”“唯年龄取人”“唯 GDP 取人”的错误倾向，坚决破除买官卖官、拉票贿选的行为。第三，坚持党管干部的原则。把从严管理干部贯彻到干部队伍建设的全过程中，坚持严管和厚爱结合，完善干部考核评价机制，建立容错纠错机制，为敢于担当的干部担当。深化人才发展体制机制改革，实行更加开放、更加有效的人才政策，将各方面优秀人才聚集到党和人民的事业中来。

（二）完善党的民主集中制

民主集中制是我们党的根本组织制度和领导制度。1982 年党的十二大指出必须健全党的民主集中制，使党内政治生活进一步正常化。党的十四届四中全会再一次强调在市场经济的条件下，还必须坚持和健全民主集中制。为此，1994 年 12 月，中共中央制定了《中国共产党党员权利保障条例（试行）》，这一文件是我们党的历史上第一部保障党员权利的专门法规，对发展党内民主具有重要作用。同时，党中央进一步完善了党委内部的议事和决策机制来推进民主集中制的落实，江泽民提出了“集体领导、民主集中、个别酝酿、会议决定”的十六字方针。胡锦涛也非常重视领导班子内部民主集中制建设问题，他说，在领导班子内部必须坚持一切重大问题由集体讨论决定；要严格实行集体领导下的个人分工负责制，明确领导班子中每个成员所承担的具体责任，做到事事有人管、人人有专责等。

党的十八大以来，习近平总书记强调要完善和落实民主集中制的各项制度，坚持民主基础上的集中和集中指导下的民主相结合，既充分发扬民主，又善于集中统一。他指出，中央政治局要继续在坚持民主集中制方面成为全党典范，坚持民主基础上的集中和集中指导下的民主相结合。大家都是这个领导集体的一员，要摆正自己的位置，无论担任什么职务、拥有多大权力都要执行集体作出的决策，无论作什么决定、办什么事情都必须符合大局需要。

（三）强化党的基层组织建设

老百姓经常说“基础不牢，地动山摇”。党的基层组织是党的路线方针政策和决策部署贯彻落实的基础。改革开放之后，随着社会主义市场经济的发展，党的基层组织面临着软弱涣散的问题。1994 年，党中央印发了《关于加强农村基层组织建设的通知》，明确提出了建设一个好领导班子、培养锻炼一支好队伍、选准一条发展经济的好路子、完善一个好经营体制、健全一套好的管理制度的“五个好”目标。为了全面贯彻《中共中央关于加强党的建设几个重大问题的决定》和《中共中央关于加强农村基层组织建设的通知》精神，中央组织部下发了《关于进一步整顿软弱涣散和瘫痪状态党支部的意见》，提出从1995年开始，用三年的时间对处于软弱涣散和瘫痪状态的农村基层党组织进行集中整顿。1998年10月，党的十五届三中全会作出了《关于农业和农村工作若干重大问题的决定》，对加强党的基层组织建设提出了要求；1999年2月，中央颁布了《中国共产党农村基层组织工作条例》，为加强农村基层组织工作提供了制度保障；此后党中央又相继颁布了《中国共产党普通高等学校基层组织工作条例》《中国共产党党和国家机关基层组织工作条例》。非公有制经济组织党建工作也是基层组织建设的一个重要方面。2000年9月，党中央颁发了《关于在个体和私营等非公有制经济组织中加强党的建设工作的意见（试行）》，指出要在符合条件的非公有制经济组织中建立党组织。党的十六大第一次把非公有制企业党组织的职责任务写入党章，为非公有制企业党组织开展工作提供了根本依据。

党的十八大之后，习近平总书记非常重视党的基层组织建设。他指出，上面千条线、下面一根针，必须夯实基层。他清醒地看到当前党的基层组织建设中存在的一些薄弱环节和突出问题，严重制约着党的基层组织力量的充分发挥。针对一些基层党组织弱化、虚化、边缘化问题，他强调要持续整顿软弱涣散的基层党组织，着力增强党的意识、党员意识；要着力抓好党的基层组织的活动方式创新，推动基层党建与信息技术深度融合。他还强调要全面提升基层党组织组织力。党的十九大报告指出：“要以提升组织力为重点，突出政治功能，把企业、农村、机关、学校、科研院所、街道社区、社会组织等基层党组织建设成为宣传党的主张、贯彻党的决定、领导基层治理、团结动员群众、推动改革发展的坚强战斗堡垒。”

四、作风建设

马克思主义政党不仅要有强大的真理力量，还要有强大的人格力量。人格力量的集中体现就是要有优良的作风。是否有优良的作风关系党的生死存亡。改革开放之后，我们党在不同历史阶段在作风建设上强调的重点不同。

（一）通过《关于党内政治生活的若干准则》以及全面整顿党的作风

针对“文化大革命”时期党风不正，有些党员组织意识、联系群众意识淡化的问题，1980 年 2 月党的十一届五中全会通过了《关于党内政治生活的若干准则》，这是党中央为端正党风采取的一项重要措施。这一文件共有 12 条，即坚持党的政治路线和思想路线；坚持集体领导，反对个人专断；维护党的集中统一，严格遵守党的纪律；坚持党性，根绝派性；要讲真话，言行一致；发扬党内民主，正确对待不同意见；保障党员的权利不受侵犯；选举要充分体现选举人的意志；同错误倾向和坏人坏事作斗争；正确对待犯错误的同志；接受党和群众的监督，不准搞特权；努力学习，做到又红又专。1982 年 9 月党的十二大指出，从 1983 年下半年开始，用三年时间对党的作风和组织进行一次全面整顿。1983 年

10月，党的十二届二中全会通过《中共中央关于整党的决定》，这一文件对整党的基本方针、任务、政策、步骤和方法等做了详细说明。

（二）几件群众关心的事和几次推进作风建设的会议

1989年7月，中共中央、国务院作出《关于近期做几件群众关心的事的决定》，文件指出要切实抓一些大事，扭转党风，恢复人民群众对党的信任。这几件事情包括：进一步清理整顿公司；坚决制止高干子女经商；取消对领导同志少量食品的“特供”；严格按规定配车，禁止进口小轿车；严格禁止请客送礼；严格控制领导干部出国；严肃认真地查处贪污、受贿、投机倒把等犯罪案件，特别要抓紧查处大案要案等。

1990年3月，党的十三届六中全会作出《中共中央关于加强党同人民群众联系的决定》，这一文件指出要从七个方面加强党同人民群众的联系。2001年9月，党的十五届六中全会专门研究和部署党的作风建设，作出了《中共中央关于加强和改进党的作风建设的决定》，在这一文件中，党提出了“八个坚持、八个反对”的要求，即坚持解放思想、实事求是，反对因循守旧、不思进取；坚持理论联系实际，反对照抄照搬、本本主义；坚持密切联系群众，反对形式主义、官僚主义；坚持民主集中制原则，反对独断专行、软弱涣散；坚持党的纪律，反对自由主义；坚持清正廉洁，反对以权谋私；坚持艰苦奋斗，反对享乐主义；坚持任人唯贤，反对用人上的不正之风。2007年，十六届中纪委七次会议提出全面加强新形势下的领导干部作风建设的重大任务，胡锦涛指出在工作中要倡导八个方面的良好风气：勤奋好学、学以致用；心系群众、服务人民；真抓实干、务求实效；艰苦奋斗、勤俭节约；顾全大局、令行禁止；发扬民主、团结共事；秉公用权、廉洁从政；生活正派、情趣健康。

（三）锲而不舍落实中央八项规定精神

党的十八大之后，以习近平同志为核心的党中央把加强党的作风建设紧紧抓在手上，制定和落实中央八项规定。贯彻落实中央八项规定精神首先要从领导干部做起，要求别人做到的干部先要做到，要求别人不做的干部坚决不做。从 2013 年到 2014 年，我们党聚焦作风建设，开展了党的群众路线教育实践活动，着力解决“四风”问题。贯彻落实中央八项规定精神还要找到党内存在的突出矛盾和问题。党中央明确指出，形式主义和官僚主义是阻碍党的路线方针政策贯彻落实的最大敌人。全党要把力戒形式主义和官僚主义摆在突出位置来解决，以踏石留印、抓铁有痕的劲头狠抓不懈。贯彻落实中央八项规定精神不能一劳永逸，而是要打持久战，要以滚石上山的劲头抓常、抓长。正如习近平总书记所说，作风问题具有反复性和顽固性，不可能一蹴而就、毕其功于一役，更不能一阵风、刮一下就停，必须经常抓、长期抓，作风建设永远在路上。

五、反腐倡廉建设

腐败是社会的毒瘤，人民群众最痛恨腐败现象，腐败也是一个政党面临的最大威胁。改革开放之后，党和国家一直坚持反腐倡廉建设，随着对形势认识的不同，各个阶段突出不同的重点。

（一）中央纪律检查委员会的成立及沿革

1978 年 12 月，在党的十一届三中全会上成立了中央纪律检查委员会，由 100 人组成，会议选举陈云为第一书记、邓颖超为第二书记、胡耀邦为第三书记、黄克诚为常务书记。党的纪律检查委员会的基本任务就是维护党规党纪，整顿党风。此后，为了加强反腐倡廉建设，我们党还通过了一系列规章，例如 1988 年 6 月，中共中央发出《关于党和国家机关必须保持廉洁的通知》，要求全体共产党员和国家机关人员必须重视廉洁问题；1988 年 8 月，中纪委发出《中国共产党纪律检查机关案件检查工作条例（试行）》；1988 年 9 月，国务院发布《国家行政机关工作人员贪污贿赂行政处分暂行规定》。1993 年，中共中央、国务院决定将中央纪律检查委员会和国家监察部合署办公，实行一套工作机构，履行党的纪律检查和行政监督两项职能的体制。实施合署办公，有利于在党中央和各级党委的领导下，进一步加强党的纪律检查和行政监察两项职能。

党的十九大报告指出，要深化国家监察体制改革，组建国家、省、市、县监察委员会，同党的纪律检查机关合署办公，实现对所有行使公权力的公职人员监察全覆盖。2018 年 2 月，党的十九届三中全会审议通过了《中共中央关于深化党和国家机构改革的决定》和《深化党和国家机构改革方案》，决定中央纪律检查委员会同国家监察委员会合署办公，履行纪检、监察两项职责。

（二）标本兼治、综合治理的方针

20 世纪 90 年代，我国在建立社会主义市场经济体制的过程中经历了一个新旧体制转换的过程。在这个过程中，由于制度和机制的不健全，社会上出现了拜金主义、享乐主义、腐败现象猖獗等问题。为此，党中央提出了“标本兼治、综合治理”的方针，也就是说不仅要关注已经形成的腐败现象，还要关注腐败现象产生的主要原因和深层次问题。为了做好标本兼治，要重点做好三项工作：一是各级党政领导干部要带头廉洁自律；二是集中力量查办一批大案要案；三是紧紧抓住本单位本部门的突出问题，刹住群众最不满意的几股不正之风。江泽民在党的十五大上指出，坚持标本兼治，教育是基础，法制是保证，监督是关键。1998 年 7 月，党中央针对走私泛滥的情况，作出军队武警部队政法机关不再从事经商活动的重大决策；1998 年 11 月，中共中央办公厅、国务院办公厅发出《关于中央党政机关与所办经济实体和管理的直属企业脱钩有关问题的通知》，要求在 1998 年年底之前中央党政机关必须与所办经济实体和管理的直属企业完全脱钩，不再直接管理企业。1998 年 11 月，中共中央、国务院还印发了《关于实行党风廉政建设责任制的规定》，要求把党风廉政建设作为党的建设的重要内容纳入党政领导班子、领导干部目标管理。

（三）建立健全惩治和预防腐败体系

2004 年 9 月，党的十六届四中全会明确提出：“建立健全与社会主义市场经济体制相适应的教育、制度、监督并重的惩治和预防腐败体系。”2005 年 1 月，党中央颁布了《建立健全教育、制度、监督并重的惩治和预防腐败体系实施纲要》。这一文件明确了建立健全惩治和预防腐败体系的指导思想、主要目标和基本原则。2008 年，中央印发了《建立健全惩治和预防腐败体系 2008 —2012 年工作规划》，针对未来五年的工作目标，从推进反腐倡廉教育、健全反腐倡廉法规制度、强化监督制约、深化体制机制制度改革、纠正损害群众利益的不正之风、保持惩治腐败的强劲势头六个方面，提出了一系列具体措施。

（四）以零容忍的态度惩治腐败

党的十八大之后，以习近平同志为核心的党中央高度重视反腐倡廉建设。他指出：“不得罪成百上千的腐败分子，就要得罪十三亿人民。这是一笔再明白不过的政治账、人心向背的账！”[1]首先，以刮骨疗毒、壮士断腕的勇气，坚定不移地“打虎”“拍蝇”“猎狐”，坚持打击腐败无禁区、全覆盖、零容忍，事实证明不敢腐的目标初步实现，不能腐的笼子越扎越紧，反腐败斗争的压倒性态势已经形成。其次，标本兼治。一方面大力查处各种腐败案件，既消减存量，又遏制增量；另一方面又加强廉政文化建设，抓好干部的党性教育和党性修养，教育广大干部不断夯实廉洁从政的思想道德基础。党中央指出，滋生腐败的土壤依然存在，一定要一刻不停地推进反腐败斗争，不断地将反腐倡廉建设引向深入。

〔1〕中共中央文献研究室：《习近平关于全面从严治党论述摘编》，中央文献出版社 2016 年版，第 186 页。

六、制度建设

制度事关根本，关乎长远。改革开放以来，中国共产党在加强思想建设、组织建设、作风建设、反腐倡廉建设的过程中，时时刻刻突出制度建设，把制度建设贯穿其中。1987 年党的十三大就提出要切实加强制度建设，并提出要健全党的集体领导制度和民主集中制，建立中央政治局常委向中央政治局、中央政治局向中央全会定期报告工作的制度，建立中央和地方各级领导机构的工作规则、议事规则、表决制度和生活会制度，等等。实际上，在此之前我们党就开始这样做了。例如，改革开放之后，在组织建设中，如何解决中央领导层的集体接班问题就是我们党面临的一个大问题。为此，1980 年 2 月党的十一届五中全会召开，会议决定设立中央书记处，作为中央政治局和它的常务委员会领导下的经常工作机构。邓小平认为，设立书记处的目的就是“逐步地、慢慢地推一些年轻的、身体好的同志在第一线”。中央书记处这一制度设计，解决了党的集体领导的交接问题，保障了党的领导的稳定，保证了党的路线方针政策的长期连续性。党的十六大报告指出，一定要把思想建设、组织建设和作风建设有机结合起来，把制度建设贯穿其中。党的十七大首次把制度建设列入了新时期党的建设“五位一体”总体布局中。党的十七届四中全会指出，制度建设既是党的建设的重要组成部分，又是党的建设的重要保证。

党的十八大之后，习近平总书记强调一方面要完善国家宪法和法律制度，另一方面要加强和深化党内制度的建设和改革，要把党内法规与国家法律协调和衔接起来。为此，我们党大力加强以党章为根本、以民主集中制为核心的制度建设，在完善党的制度体系方面取得了很大成绩，形成了党章、准则、条例、规则、办法、细则等组成的党内法规制度体系。除了抓制度的完善外，党中央还强调制度的执行。习近平总书记指出，制度的生命力在于执行。要坚持制度面前人人平等、制度执行没有特权、制度约束没有例外，坚决查处踩“红线”、越“底线”、闯“雷区”的人，把权力关进制度的笼子里，使广大党员牢固树立制度意识，形成崇尚制度、遵守制度、捍卫制度的良好氛围。

后 记

道路问题至关重要，道路决定命运，道路决定前途。随着中国日益成为世界瞩目的焦点，对中国道路的研究也越来越引起人们的关注和兴趣。这种关注和兴趣不仅是对其他国家和地区的人说的，更是对我们自己说的。对其他国家和地区的人而言，一个经济文化比较落后的国家如何能够在短时间里迎来从站起来、富起来到强起来的深刻转变，以及这个转变可能会给他们甚至人类文明带来什么样的影响，这是一个值得深入探究的谜题。谜题的答案是什么？或者答案是否唯一？这本身就很有意思，它考验猜谜者的智力、立场，甚或是其他。对我们自己来说则不仅如此，它不是可解可不解的谜，而是必须予以解答的问题。因为答案不仅关系到在与资本主义意识形态的较量中能否构建与自身发展成就相匹配的话语权，更关系到能否最大限度地凝聚共识，关系到团结起来的人们的信念是否足够坚定。

答案不在别处，答案在经济、政治、文化、社会、生态、党的建设等具体领域中；答案不在别处，答案在一代代共产党人带领人民群众不断奋斗的光辉历史中。

这里既有成就，最快的经济发展、最剧烈的社会变迁、最大规模的减少贫困、最大规模的人口流动；也有挫折，贫富差距加大、腐败现象的大量产生、环境问题严重。

在中国道路的发展过程中出现了一个个不断更新的抽象概念和理论。例如，从“市场调节的辅助作用”到“有计划的商品经济”，再到“社会主义有计划的商品经济体制”，再到“社会主义市场经济体制”，再到“使市场在资源配置中起决定性作用”，等等。可以说，在每一个领域都可以找到这样的一组组序列。这就是中国共产党人根据实践的变化与时俱进地发展理论，并用发展的理论指导实践的过程。这就是对中国道路的最好回答。

西方有位哲学家说过一句话“他人就是地狱”，强调人不能活在别人的眼光中，否则永远活不出自我。恰如中国道路的形成过程，我们既没有走“老路”，也没有走“邪路”。正值新中国成立70周年之际，向那些在中国道路发展过程中披荆斩棘的优秀人物致敬，同时也向那些普普通通任劳任怨的劳动者致敬，玫瑰和紫罗兰的芬芳不同，但都不可或缺！

本书在编写的过程中，参考了学术界的诸多研究成果，在此一并表示诚挚的谢意！由于涉及的范围广、内容多，同时受水平所限，书中疏漏之处在所难免，切盼广大读者批评指正。

田　辉

2019年10月